David Coulin

Die schönsten Panoramatouren in der Schweiz

at VERLAG

Dieses Buch ist eine aktualisierte, überarbeitete und neu gestaltete
Ausgabe des unter dem Titel «Die schönsten Panoramatouren in der
Schweiz» 2017 im AT Verlag erschienenen Werks.

2. Auflage, 2020

© 2020
AT Verlag, Aarau und München
Lektorat: Karin Steinbach Tarnutzer, St. Gallen
Fotos: David Coulin
Kartenausschnitte: Atelier Guido Köhler & Co., Binningen

ISBN 978-3-03902-059-1

www.at-verlag.ch

Der AT Verlag wird vom Bundesamt für Kultur
mit einem Strukturbeitrag für die Jahre 2016–2020 unterstützt.

Inhaltsverzeichnis

11 **Alles im Blick**

12 **So haben Sie den Durchblick**

18 **Überblick: Die Wanderungen und Varianten nach Schwierigkeitsgrad**

Ostschweiz und Graubünden

26 **An der Front**
Vom Piz Umbrail zur Punta di Rims

30 **Auf den Spuren des Schellen-Ursli**
Von Guarda über die Alp Sura nach Ardez

34 **Allegra Engiadina!**
Von Muottas Muragl zur Alp Languard

38 **Auf dem Hochsitz Gottes**
Von Poschiavo über San Romerio nach Viano

42 **Kraftort Bergell**
Von Soglio über die Alp Cadrin nach Vicosoprano

45 **Dem Valserwasser auf den Fersen**
Von Zervreila die drei Seen entlang nach Vals

48 **Über den Wäldern**
Von Caischavedra über Bostg nach Sedrun

51 **Zwischen Rheintal und Domleschg**
Rundwanderung zum Mutta ab Feldis

54 **Auf und Davos**
Vom Jakobshorn über die Tällifurgga nach Sertig

58 **Ab vom Schuss**
Rundwanderung zum Hochwang ab Triemel

61 **Kleiner Berg – grosse Aussicht**
Von St. Antönien über das Chrüz nach Stels

64 **Fels in der Brandung**
Rundwanderung zum Regitzer Spitz ab Fläsch

68 **Das Ländle von oben**
Von Gaflei über die Drei Schwestern nach Planken

72 **Der Klassiker**
Vom Hohen Kasten über die Saxerlücke nach Brülisau

76 **Lueget vo Bärg und Tal**
Rundwanderung zum Gäbris ab Gais

79 **Natur pur**
Von Aeugsten via Schilt zum Gufelstock

82 **Terrasse, bitte!**
Von Braunwald über den Leuggelstock nach Schwanden

Tessin

88 **Obendrüber statt untendurch**
Auf der Strada Alta Leventina von Sobrio bis Biasca

91 **Tour der Täler**
Auf der Via Alta Vallemaggia von Cimetta nach Gordevio

94 **Vista Maggiore**
Von Rasa über den Pizzo Leone nach Arcegno

98	**Tamaro einmal anders** Vom Monte Tamaro über den Monte Gambarogno nach Indemini
102	**Über den Wipfeln** Von Bogno über den Gazzirola und den Monte Bar nach Albumo

Zentralschweiz

108	**Rigi alpin** Rundwanderung zu Gersauerstock/Vitznauerstock ab Hinterbergen
112	**Flieg, Adler, flieg!** Vom Niderbauen Chulm zur Stockhütte
116	**Staunen und lernen** Von Ober Axen über den Wildheuerpfad nach Eggberge
120	**Zwischen Himmel und Erde** Vom Stanserhorn über den Arvigrat zum Wirzweli
124	**Noch ein Klassiker** Von Brunni über die Walegg zur Bannalp
128	**Im Herzen der Schweiz** Von Käserstatt über den Gibel nach Lungern
132	**Völlig schwerelos** Vom Brienzer Rothorn über den Hoch Gummen nach Sörenberg
136	**Drüber und doch mittendrin** Von Kleinsustli über die Sustlihütte nach Gorezmettlen

140 **Gotthard intim**
Von Tiefenbach nach Hospental

143 **Echo vom Urner Boden**
Vom Klausenpass über den Fisetengrat
zum Chamerstock

Berner Oberland

148 **Im Banne des Eigers**
Von der Schynigen Platte über das Faulhorn
zum First

152 **Vom Piz Gloria zum Piz Gloriosa**
Vom Schilthorn über die Schwalmere nach Sulwald

156 **Wellen aus Stein**
Vom Niederhorn zur Waldegg

159 **Berner Platte**
Vom Stockhorn über Möntschelespitz und
Leiterepass nach Gurnigel

162 **Im Land der Hore**
Von Betelberg über Stübleni und Rothorn
zum Lauenensee

166 **Anschnallen, bitte!**
Von der Engstligenalp über den Ammertenspitz
zum Hahnenmoospass

170 **Schön alpin**
Von Sunnbüel über den Üschenegrat und den
Engstligengrat zur Engstligenalp

Wallis und Waadt

176 **Im Gletschergarten**
Rundwanderung zum Sidelhorn ab Grimselpass

179 **Die Tour mit dem Paukenschlag**
Vom Eggishorn zum Bettmerhorn

182 **Über den Wäldern**
Vom Simplonpass nach Rosswald

186 **Die Südrampe**
Von Hohtenn nach Visp

190 **Welt der Gletscher**
Vom Gornergrat zur Roten Nase und zurück zum Rotenboden

194 **Wallis total**
Rundwanderung zum Augstbordhorn ab Moosalp

198 **Die Feldstechertour**
Von der Crêt du Midi nach Grimentz

202 **Bonjour Mont Blanc**
Vom Col de la Forclaz über den Mont de l'Arpille nach Ravoire

206 **Auf dem GR 5 zu den Portes du Soleil**
Von Grand Paradis über die Portes du Soleil nach Morgins

210 **Versteckte Schönheit**
Von Le Flon über die Alp Chalavornaire zum Genfersee

214 **Auf der Höhe**
Von den Rochers de Naye nach Crêt d'y Bau

Gemütlich und aussichtsreich unterwegs.

Alles im Blick

Man wandert mit den Füssen, aber ebenso sehr mit den Augen. Je nach Marschtempo richtet sich der Blick in die Nähe – dann, wenn man aufpassen muss oder in Eile ist –, gern aber lässt man ihn in die Ferne schweifen. Sei es, um den Horizont nach bekannten Gipfeln abzusuchen, oder auch einfach, um sich in der Weite zu verlieren und etwas zu entspannen.

Genau solche Seh-Erlebnisse sollen Ihnen die Touren in diesem Buch vermitteln. Ich lasse Sie Berge bestaunen, die man einfach gesehen haben muss. Sie entdecken Tallandschaften, die uns die Schweiz neu erschliessen, und Seen, die aus der Vogelperspektive einen wundervollen Tiefblick erzeugen. Wo immer möglich, begehen Sie dabei unbekannte Pfade, die sich abseits der bei schönem Wetter bevölkerten Wege bewegen, aber mindestens ebenso viel Panorama garantieren. Wer alle in diesem Buch beschriebenen Wanderungen gemacht hat, kann mit Recht von sich behaupten: Ich habe die Schweizer Alpen gesehen. Zudem schwingen in den einzelnen Beschreibungen interessante Nebenthemen mit.

Damit man sich auch Zeit und Musse nehmen kann, um die Aussicht wirklich zu geniessen, sind die Wanderungen so ausgewählt, dass sie mit mittlerer Kondition gut bewältigbar sind. Dort, wo sie etwas fordernder werden, gibt es Abkürzungsmöglichkeiten. Der Fokus liegt dabei auf den Alpen, die Voralpen werden nur gestreift. Nach bewährtem Rezept der AT-Bergbuchreihe werden in einem ausführlichen Serviceteil die nötigen Informationen mitgeliefert, eine Übersichtskarte mit eingezeichneter Strecke und stimmungsvolle Fotos runden die Beiträge ab. Genaue Hinweise zu Schwierigkeit und Routencharakter ermöglichen es Ihnen, eine Tour auszusuchen, die Ihren Wünschen und Möglichkeiten entspricht. Zudem finden Sie die Routen in dem zusätzlichen Verzeichnis auf Seite 18 nach Schwierigkeit geordnet. Sämtliche Routen sind ohne spezielle Ausrüstung begehbar.

Ich danke herzlich dem Lektorat und der Verlagsleitung des AT Verlags für die Unterstützung und Begleitung dieses Buchprojektes. Sie sind massgeblich daran beteiligt, dass Sie mit diesem Buch einen bunten Strauss vielfältiger Wandervorschläge in den Händen halten. Pflücken Sie sich eine Tour heraus, und Sie werden einen Tag erleben, der Ihnen eine ganz besondere Welt eröffnet. Dabei wünsche ich Ihnen viel Freude.

David Coulin

So haben Sie den Durchblick

Tipp 1: Überschätzen Sie sich nicht
Panoramawanderungen soll man geniessen können. Das geht aber nur, wenn man locker unterwegs ist. Umso wichtiger ist es, die Angaben im Serviceteil zu beachten: Wie lange dauert die Wanderung? Gibt es Möglichkeiten, die Tour unterwegs abzubrechen? Wie viel Höhendifferenz gilt es wie oft zu überwinden?

Tipp 2: Interpretieren Sie die Schwierigkeitsgrade richtig
Die Schwierigkeitsbewertungen richten sich nach der Wanderskala des Schweizer Alpen-Clubs (SAC). Diese reicht von T1 bis T6. Aber aufgepasst: Lediglich die Grade T1 bis T3 bewegen sich in dem Bereich, den man gemeinhin unter «Wandern» versteht. Ab T4 muss man von Hochtouren

Blick ins Val d'Anniviers.

ohne Seil und Pickel sprechen. Die meisten Touren in diesem Buch bewegen sich in den Schwierigkeitsgraden T2 bis T3.

T1: Wandern
Hier handelt es sich um feste und teilweise auch breite Wege, die keine speziellen Anforderungen an Kondition und Ausrüstung stellen. Sie sind mit Turnschuhen begehbar und für Familien mit auch kleineren Kindern und für Seniorinnen und Senioren geeignet.

T2: Bergwandern
Mit T2 bewertete Wanderwege sind durchgehend mit weiss-rot-weissen Markierungen versehen. Die Orientierung sollte problemlos auch ohne Karte möglich sein. Teilweise können diese Wege etwas schmal, steinig und mässig steil sein. Ausgesetzte Stellen sind entweder sehr gut gesichert oder für Wanderer ohne ausgeprägte Höhenangst problemlos begehbar. Es

Charakterzacken:
die Dents du Midi.

ist wichtig, ab dem Schwierigkeitgrad T2 mit Trekkingschuhen ausgerüstet zu sein. Auch Wanderstöcke können gute Dienste leisten. T2-Wanderungen sind für Familien mit Kindern ab rund zehn Jahren und für trittsichere Seniorinnen und Senioren geeignet.

T3: Anspuchsvolles Bergwandern

Auf T3-Wanderungen kann sich der Weg vorübergehend etwas verlieren oder die immer noch weiss-rot-weisse Markierung aussetzen. Gerade bei Nebel sollten Sie also entweder über eine Karte oder gewisse Pfadfinderqualitäten verfügen. Auch hier sind ausgesetzte oder besonders steile Stellen mit Ketten oder Treppen gesichert. Trekkingschuhe gehören ebenso zum Standard wie Wanderstöcke. Ihr Gebrauch dämpft in steilen Abstiegen nicht nur die Schläge auf die Kniegelenke, sondern verhilft zu einer aufrechteren Körperhaltung. Dadurch vermindern Sie die Ausrutschgefahr erheblich.

Eine T3-Wanderung kann eine Unternehmung sein, die auch an die Kondition hohe Anforderungen stellt. Wenn Sie unsicher sind, prüfen Sie, ob Möglichkeiten zur Abkürzung oder zum vorzeitigen Abbruch der Tour gegeben sind. Kinder und Senioren, die sich auf eine T3-Tour aufmachen, sollten gut trainiert und trittsicher sein.

T4: Alpinwandern

Hier wird die Sache alpin. Das heisst: Die Wege sind nicht überall sichtbar, und wo sie das sind, sind sie eindeutig exponiert. Es kann Stellen geben, an denen man sich sogar gern mit den Händen behilft, um vorwärtszukommen. Die Routen, die T4-Stellen ausweisen, erfordern zwingend gute Verhältnisse. Es darf kein Schnee mehr liegen, und die Witterung muss trocken sein. So sind diese Stellen – wenn man den richtigen Weg wählt – für den geübten Berggänger kein Problem. Begehen Sie eine T4-Wanderung mit Personen, deren Fähigkeiten Sie nicht einschätzen können, empfiehlt es sich allenfalls, ein kurzes Seil mitzunehmen.

Tipp 3: Mit Schirm und Regenschutz gut ausgerüstet

Wenn Sie auf einer Wanderung in einen Regenschauer geraten, achten Sie darauf, dass Sie trotz Regenschutz nicht ins Schwitzen geraten. Gute Dienste erweist in solchen Fällen ein kleiner, leichter Regenschirm. Sollten Sie von einem Gewitter überrascht werden, entfernen Sie sich von Gratkanten. Bis die Wege wieder getrocknet sind, ist die erhöhte Ausrutschgefahr zu beachten.

Tipp 4: Nehmen Sie sich Zeit

Planen Sie die Wanderung so, dass unterwegs genügend Zeit zum Picknick und zum Verweilen bleibt. Dies ist insbesondere wichtig, wenn Sie mit Kindern unterwegs sind. Die im Buch angegebenen Zeiten verstehen sich ohne Rast- und Ruhepausen.

Tipp 5: Nehmen Sie eine Schweizer Landeskarte mit

Rundwanderungen verhelfen am selben Tag zu Einblicken in verschiedene Geländekammern. Aber wie heissen all diese Gipfel, die da in der Weite erscheinen? Eine Landeskarte der Schweiz hilft über die erste Verlegenheit hinweg und eröffnet Ihnen einen neuen Zugang zu den Alpen. Interessant ist, dass die Ausrichtung der Täler und Gebirgsketten vom Auge anders wahrgenommen werden, als sie auf der Landeskarte erscheinen. Verlässlicher sind da schon die Formen der Berge. Einige sind so markant, dass man sie immer wiedererkennt und so als Referenzpunkte benutzen kann. Zu diesen Bergen gehören zum Beispiel der Calanda, der Säntis, der Tödi, der Galenstock oder das Matterhorn.

Interessant ist auch die App «Peakfinder». Sie zeigt Ihnen an jedem Standort mit Netzempfang das Panorama an.

Morgenstimmung auf dem Faulhorn.

Überblick

Die Wanderungen und Varianten nach Schwierigkeitsgrad

T2

Von Guarda über die Alp Sura nach Ardez   30
Von Guarda über die Alp Sura nach Ardez,
Variante über Chamanna Cler   32
Von Muottas Muragl zur Alp Languard, Variante über
Unteren Schafberg   36
Von Poschiavo über San Romerio nach Viano   38
Von Soglio über die Alp Cadrin nach Vicosoprano   42
Von Zervreila die drei Seen entlang nach Vals   45
Von Caischavedra über Bostg nach Sedrun   48
Rundwanderung zum Mutta ab Feldis   51
Rundwanderung zum Mutta ab Feldis,
Variante nach Brambrüesch   52
Vom Jakobshorn über die Tällifurgga nach Sertig   54
Rundwanderung zum Hochwang ab Triemel,
Variante bis Faninpass   60
Von St. Antönien über das Chrüz nach Stels   61
Rundwanderung zum Regitzer Spitz ab Fläsch   64
Drei Schwestern mit Umgehung der zwei Alpinwandersteige   70
Vom Hohen Kasten über die Saxerlücke nach Brülisau   72
Vom Hohen Kasten über die Saxerlücke nach Brülisau,
Variante über Alp Sigel   74
Rundwanderung zum Gäbris ab Gais   76
Von Braunwald über den Leuggelstock nach Schwanden   82
Auf der Strada Alta Leventina von Sobrio bis Biasca   88
Von Rasa über den Pizzo Leone nach Arcegno   94
Vom Monte Tamaro über den Monte Gambarogno nach Indemini,
Variante über den Monte Paglione nach Caviano   101
Von Bogno über den Gazzirola und den Monte Bar nach Albumo   102
Vom Niderbauen Chulm zur Stockhütte   112

Von Ober Axen über den Wildheuerpfad nach Eggberge 116
Vom Stanserhorn über den Arvigrat zum Wirzweli 120
Von Brunni über die Walegg zur Bannalp 124
Von Käserstatt über den Gibel nach Lungern 128
Von Käserstatt über den Gibel nach Lungern,
Variante zum Brünigpass 130
Vom Brienzer Rothorn über den Hoch Gummen nach Sörenberg 132
Vom Brienzer Rothorn über den Hoch Gummen nach
Sörenberg, Variante zum Brünigpass 135
Von Kleinsustli über die Sustlihütte nach Gorezmettlen 136
Von Tiefenbach nach Hospental 140
Vom Klausenpass über den Fisetengrat zum Chamerstock 143
Von der Schynigen Platte über das Faulhorn zum First 148
Vom Niederhorn zur Waldegg 156
Von Betelberg über Stübleni und Rothorn zum Lauenensee 162
Rundwanderung zum Sidelhorn ab Grimselpass 176
Vom Eggishorn zum Bettmerhorn, Variante zur Riederalp 181
Vom Simplonpass nach Rosswald 182
Von Hohtenn nach Visp 186
Rundwanderung zum Augstbordhorn ab Moosalp 194
Von der Crêt du Midi nach Grimentz 198
Von der Crêt du Midi nach Grimentz, Variante über La Brinta 200
Vom Col de la Forclaz über den Mont de l'Arpille nach Ravoire 202
Von Grand Paradis über die Portes du Soleil nach Morgins 206
Von Le Flon über die Alp Chalavornaire zum Genfersee 210
Von den Rochers de Naye nach Crêt d'y Bau 214

Bei Fontanen.

T3
Vom Piz Umbrail zur Punta di Rims   26
Von Muottas Muragl zur Alp Languard über Chamanna Segantini   34
Rundwanderung zum Hochwang ab Triemel   58
Von Gaflei über die Drei Schwestern nach Planken   68
Von Äugsten via Schilt zum Gufelstock   79
Auf der Via Alta Vallemaggia von Cimetta nach Gordevio   91
Auf der Via Alta Vallemaggia von Cimetta nach Gordevio, Variante über Alpe Nimi bis Maggia   93
Vom Monte Tamaro über den Monte Gambarogno nach Indemini   98
Rundwanderung zu Gersauerstock/Vitznauerstock ab Hinterbergen   108
Rundwanderung zu Gersauerstock/Vitznauerstock, Variante ab Rigi Scheidegg   110
Von Käserstatt über den Gibel nach Lungern, Variante über Güpfi und Höh Grat nach Kaiserstuhl   131
Von Kleinsustli über die Sustlihütte nach Gorezmettlen, Variante Leiterliweg   138
Vom Schilthorn über die Schwalmere nach Sulwald   152

Vom Stockhorn über Möntschelespitz und Leiterepass
nach Gurnigel   159
Von Sunnbüel über den Üschenegrat und den Engstligengrat
zur Engstligenalp   170
Vom Gornergrat zur Roten Nase und zurück zum Rotenboden   190
Rundwanderung zum Augstbordhorn ab Moosalp,
Variante über Oberes Gibidum   196

T4
Von Guarda über die Alp Sura nach Ardez,
Variante zum Piz Cotschen   33
Von Soglio über die Alp Cadrin nach Vicosoprano,
Variante zum Piz dal Märc   44
Vom Jakobshorn über die Tällifurgga nach Sertig,
Variante zum Wuosthorn   57
Rundwanderung zum Regitzer Spitz ab Fläsch,
Variante Lidisgang   67
Vom Niderbauen Chulm zur Stockhütte, Variante via Zingel   115
Von Ober Axen über den Wildheuerpfad nach Eggberge,
Variante über Rophaien und Schön Chulm   119
Von Kleinsustli über die Sustlihütte nach Gorezmettlen,
Variante vom Sustenpass über das Guferjoch   139
Von der Engstligenalp über den Ammertenspitz zum
Hahnenmoospass   166
Von Sunnbüel über den Üschenegrat und Engstligengrat
zur Engstligenalp, mit Schlussaufstieg Gällihorn   170
Vom Eggishorn zum Bettmerhorn   179

T5
Vom Hohen Kasten über die Saxerlücke nach Brülisau,
Variante auf die Stauberenkanzel   74
Vom Gornergrat zur Roten Nase und zurück zum Rotenboden,
Variante über das Stockhorn   193

Karten

In den Kartenausschnitten gilt folgende Kennzeichnung:

— Einfache Route (für die ganze Familie)
— Mittelschwere Route (für Gelegenheitswanderer)
— Schwierige Route (für erfahrene Bergwanderer)
- - - - Varianten (Schwierigkeit siehe im Text)
▶ Empfohlene Laufrichtung
🏠 Berggasthaus oder Restaurant gemäss den Informationen im Text
🟡 Postautohaltestelle
🅿 Parkplatz

Wichtige Telefonnummern und Internetadressen

Wetterbericht allgemein: 162
MeteoSchweiz: Spezialwetterbericht 0900 162 111
Alpenwetterbericht 0900 162 338, www.meteoschweiz.ch
Zugsverbindungen SBB: www.sbb.ch
Postautoverbindungen: www.postauto.ch
Schweizerische Landestopografie (Landeskarten): www.swisstopo.ch
Schweizer Alpen-Club (SAC): +41 (0)31 370 18 18, www.sac-cas.ch
Schweizerischer Bergführerverband: www.sbv-asgm.ch
Notruf der Schweizer Rettungsflugwacht (Rega, www.rega.ch): 1414

Blick vom Chüetungel hinunter zum Lauenensee.

Auf dem Hochwang im Schanfigg.

Ostschweiz und Graubünden

Vom Piz Umbrail zur Punta di Rims
An der Front

Betrachtet man die Grenzziehung in den Alpen, fällt auf: Mit Ausnahme des Mont-Blanc-Massivs liegen die höchsten und schönsten Alpengipfel mindestens teilweise auf Schweizer Boden. Ein anderer Berg, der auch noch gut ins Portfolio der Schweizer Alpen gepasst hätte, steht knapp ausserhalb des eidgenössischen Territoriums an dessen südöstlichem Rand: der Ortler, ein 3905 Meter hoher Eisgipfel, der es im Aufstieg durchaus in sich hat.

Ein Blick in die Weltkriegsgeschichte macht klar, warum der Ortler nicht zur Schweiz gehört. Rund um diesen riesenhaften Klotz standen sich im Ersten Weltkrieg österreichische und italienische Truppen auf engstem Raum gegenüber. Ein kleines Schweizer Beobachtungs-Detachement verweilte zu dieser Zeit verteilt in einigen Schützengräben oberhalb des nahen Umbrailpasses. Dort hatten sich die Soldaten 1914 eingerichtet, um die Grenze zu sichern – besser gesagt: zu beobachten. Denn zum Sichern

Links: Noch immer sind am Fuss des Piz Umbrail die Schützengräben aus dem Ersten Weltkrieg sichtbar.

Rechts: Der Blick hinunter zum Pass Umbrail.

fehlten die Ressourcen, und man war froh, dass Italiener und Österreicher die Schweizer Neutralität im damaligen Dreiländereck am Stilfserjoch respektierten und italienische Truppen nicht ins Val Müstair vorstiessen.

Der vom Umbrailpass ausgehende Lehrpfad zeigt eindrücklich auf, warum in diesen Höhen der Kampf gegen Sturm, Schnee, Kälte und Lawinen mehr Opfer forderte als die eigentlichen kriegerischen Auseinandersetzungen im Frontraum. Denn das Gelände ist ausgesetzt und unwirtlich. Schon wenige Meter über dem Umbrailpass werden die Alpweiden abgelöst durch rutschige Kalkschrofen. Der Aufstieg zur eigentlichen Frontlinie zwischen der Schweiz und Italien quert eine steile Schuttflanke, bevor man durch ein Couloir hinauf auf über 3000 Meter gelangt. Dort wartet der Gipfel des Piz Umbrail und mit ihm ein Rundblick, der auch für historisch Uninteressierte alle Mühen lohnt. Gegen Süden sind Ortler und Cevedale in Griffnähe, auf der anderen Seite schweift der Blick ins Val Müstair. Unten blinkt der Lai da Rims – nicht zu verwechseln mit den Lais da Rims zwischen S-charl und der Lischanahütte oberhalb von Scuol. An ihm vorbei führt ein Bergweg hinunter ins einsame Biker-Paradies des Val Mora, weiter gegen Norden verliert sich die Sicht zwischen Piz Linard und Piz Kesch. Im Osten beginnt schon bald der Vinschgau mit dem Hauptort Meran, im Südwesten kauert der bekannte italienische Wintersportort Bormio.

Dieses Panorama begleitet den Weiterweg zur Punta di Rims, während man sich auf schmalem Pfad über einen Schuttgrat bewegt, mal aufrecht auf der Krete, mal in der Flanke Halt suchend. Von Zeit zu Zeit erkennt man einen der Beobachtungsposten, die wie Schwalbennester an die Südflanke des Grates geklebt sind. Und man fragt sich: Wie kamen die Soldaten im Winter da hinauf? Wie hielten sie sich da oben warm? Was assen sie, was tranken sie, wie schliefen sie hier? Und vor allem: Konnten sie diese gewaltige Aussicht geniessen? Wohl kaum, denn am Schluss des Gebirgsdammes, bei der Punta di Rims, erkennt man nur wenige Meter vom Grat entfernt eine Felskuppe mit Löchern drin. Nein, das war keine vorgeschobene Schützenstellung der Eidgenossen, sondern schon die Verteidigungslinie der Alpini zum Schutz ihrer Artilleriestellung. Die Schiessscharten sind dabei exakt auf die helvetischen Stellungen ausgerichtet. Da half es wohl wenig, dass das Gelände nun fast lieblich wird und der Abstieg zurück zum Umbrailpass keine Schwierigkeiten mehr bereitet.

Das Gebiet lässt sich zu Fuss ebenso gut erkunden wie mit dem Mountainbike.

Charakter
Kurze, jedoch recht steile Bergtour auf einen doppelt lohnenden Dreitausender – historisch und landschaftlich.

Schwierigkeit
T2, einzelne Stellen T3

Höhendifferenz
530 m Auf- und Abstieg

Wanderzeit
6 Std.

Route
Vom Pass Umbrail vorbei an alten Schweizer Schützengräben an den Fuss des Piz Umbrail. Der Weg führt auf einem Schuttband rechts ausholend zu den Gipfelfelsen und zwischen diesen hinauf in leichter Kraxelei zum Gipfel (3033 m, Schützenstellungen). Anschliessend folgt eine mehr oder weniger ausgesetze Gratwanderung auf rutschigen Kalkkieseln hinüber zur Punta di Rims (2946 m). Eindrückliche Schützenstellungen sind auf einem Felskopf südlich der Punta di Rims zu bestaunen, bevor der Weg zuerst über Geröll, dann über Weiden und Matten zum Pass zurückführt.

Ausgangs- und Endpunkt
Pass Umbrail (2501 m). An- und Rückreise mit der RhB nach Zernez, mit dem Postauto Richtung Mals über den Ofenpass nach Sta. Maria Val Müstair, posta und von dort mit dem Postauto Richtung Tirano nach Umbrail, Schweizer Zoll. Übernachtungsmöglichkeiten in Sta. Maria Val Müstair (www.engadin.com).

Unterkunft und Verpflegung unterwegs
Restaurant auf der Passhöhe

Karten
Landeskarte 1:25 000, 1239 Sta. Maria
Landeskarte 1:50 000, 259 Ofenpass

Von Guarda über die Alp Sura nach Ardez

Auf den Spuren des Schellen-Ursli

Für einmal macht es Sinn, eine Panoramawanderung unten im Dorf beginnen zu lassen. Denn Guarda ist nicht irgendein Dorf, es ist das Unterengadiner Dorf schlechthin. Das rührt daher, dass Guarda im Gegensatz zu anderen Dörfern im Tal wie Susch, Lavin oder Tschlin von einer Feuersbrunst verschont blieb. Auf Schritt und Tritt begegnen wir hier den massigen Steinhäusern mit dem breiten Satteldach und dem grossen Haustor. Fenstereinfassungen, Torbogen und Hauskanten sind mit bildlichen oder geometrischen Ornamenten, den sogenannten «Sgraffiti», verziert. Besonders sind auch die kleinen, in die Mauer eingelassenen Fenster: Damit aber doch möglichst viel Licht in die Wohnräume dringen kann, wurden die Nischen trichterförmig nach aussen erweitert. Eng drängen sich die Häuser aneinander, obwohl dies für Bauern eigentlich unpraktisch ist. Wer aus dem Stubenfenster nicht genug vom Geschehen auf dem Platz mitbekam, baute sich einen Erker an die Fassade.

Genau auf diesem Platz soll sich das Drama rund um den Schellen-Ursli zugetragen haben, wie er für den Chalandamarz die kleinste Glocke zugesprochen erhielt und in einer halsbrecherischen Nacht-und-Nebel-Aktion eine riesige Glocke von der Alp holte. Welche Alp das gewesen sein mag? Eigentlich kommt nur eine infrage: die Alp Sura oberhalb des Waldes. Und da wollen wir hin, nicht wegen der Glocke und des Schellen-Ursli-Weges, sondern wegen der gemütlichen Alpwirtschaft und natürlich der Aussicht. Das ganze Unterengadin liegt uns hier zu Füssen, ein lang gezogenes Tal, das direkt in österreichischen Landen mündet. Es ist eher dieser Tiefblick, der fasziniert, als die Sicht auf die Bergmauer auf der anderen Talseite.

Was vor allem auch fasziniert, ist der Wald, den man im Aufstieg zur Alp Sura und im allmählichen Abstieg nach Ardez zweimal durchschreitet. Es lohnt sich dabei, mit dieser Wanderung zuzuwarten, bis der Herbst ins Land gezogen ist. Dann nämlich, ziemlich genau ab dem 20. Oktober, ist an den Hängen des Unterengadins ein eindrückliches Naturschauspiel zu beobachten. Es ist die Zeit, in der die Lärchen wie von Geisterhand entfacht zu brennen beginnen. Nicht Dutzende, nicht Hunderte, nein, Tausende dieser grazilen Nadelbäume liegen in einem riesigen Flammenmeer. Die Nadeln verfärben sich von Grün zu einem zarten, dünnen Gelb, das im Licht der flachen Sonneneinstrahlung intensiv zu leuchten beginnt. Die Szenerie ist so unwirklich, dass die Unterengadiner immer wieder Gäste

Links: Wenn Aussicht etwas kosten würde, müssten die Gäste auf der Alp Sura viel bezahlen.

Rechts: Blick hinüber ins abgelegene Val Sampuoir.

darüber aufklären müssen, dass es sich um einen natürlichen Vorgang und nicht etwa um eine Folge des Waldsterbens handelt.

Wer von der Via Engiadina, auf der man sich ab der Alp Sura bewegt, abweichen und ein noch umfassenderes Panorama geniessen will, leistet sich den Abstecher hinauf zur Chamanna Cler, einer Selbstversorgerhütte, die dem Skiclub von Ardez gehört. Von da ist es nicht mehr weit zur Gratkante, die den Blick definitiv freigibt bis zum Reschenpass und darüber hinaus. Sogar der Aufstieg auf den Piz Cotschen ist möglich, wenn auch nur für Berggänger. Dort oben ist dann die Rundsicht inklusive Silvretta-Massiv vollends grenzenlos.

Charakter
Einfache Wanderung durch lichte Lärchenwälder und eine Arena mit Blick ins Unterengadin.

Schwierigkeit
T2

Höhendifferenz
500 m Aufstieg, 750 m Abstieg

Wanderzeit
4 Std.

Route
Von Guarda zum Eingang des Val Tuoi bei Clüs (1840 m). Von dort durch den Wald von Laret mässig steil hinauf zur Alp Sura (2117 m). Von der Alp Sura auf der Via Engiadina via Murtera d'Ardez hinunter nach Ardez.

Varianten
Von Murtera d'Ardez Abstecher hinauf zur Chamanna Cler (2474 m, plus 260 m Aufstieg). Von dort führt ein Bergwanderweg zur Krete bei Muot Aut und dann die Krete entlang hinunter nach Mundaditsch (1848 m). Auf Alpstrasse hinunter zur Via Engiadina und weiter nach Ardez (T2, plus 1½ Std.).

Auf dem Schellen-Ursli-Weg.

Der Gipfelaufstieg zum Piz Cotschen (3029 m) ist an sich unschwierig, verläuft aber auf steilen Wegspuren und ist im Schlussteil exponiert (T4, plus 620 m Auf- und Abstieg ab Chamanna Cler, plus 3 Std.).

Ausgangspunkt
Guarda (1654 m). Anreise mit der RhB bis Guarda, staziun, dann mit dem Postauto bis Guarda. In Guarda diverse Unterkunftsmöglichkeiten (www.engadin.com, www.guarda.ch).

Endpunkt
Ardez (1475 m). Rückreise mit der RhB nach Landquart (SBB-Anschluss).

Unterkunft und Verpflegung unterwegs
Alpwirtschaft Alp Sura (2117 m), Telefon 079 218 28 80
Chamanna Cler (2474 m), Selbstversorgerhütte mit 25 Plätzen im Massenlager. Das WC befindet sich neben der Hütte, das Haus verfügt über kein fliessendes Wasser. Kontakt: Club skiunzs Ardez, Telefon 081 860 38 83 oder 079 463 94 22, www.ski-ardez.ch

Karten
Landeskarte 1:25 000, 1198 Silvretta, 1199 Scuol
Landeskarte 1:50 000, 249 Tarasp

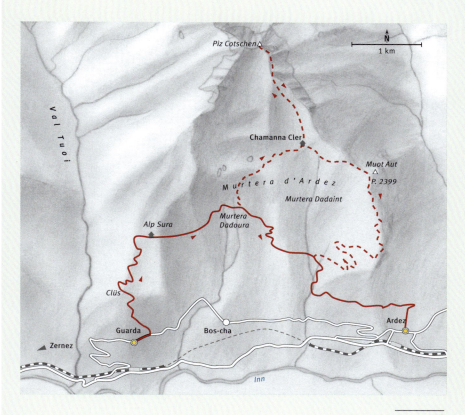

Von Muottas Muragl zur Alp Languard

Allegra Engiadina!

«Allegra» ist der romanische Gruss und heisst «freue dich». Wer so das Engadin begrüssen will, lässt sich von einer mehr als hundertjährigen Standseilbahn hinauftragen zum Muottas Muragl. Mit vielen anderen Gästen wird man sich eine Rundsicht teilen, die in den Schweizer Alpen zum Feinsten gehört. Fast in seiner ganzen Länge zieht sich das Oberengadin westwärts dahin, dieses malerische Hochtal, das nicht näher vorgestellt zu werden braucht. Richtet man den Blick in die Höhe, lassen sich oft Segelflieger beobachten, die unten beim Flugplatz Samedan starten, zuerst den Muottas Muragl entlang die Thermikschläuche suchen und dann weggleiten, um die Gebirgsumgebung von nahe zu erkunden: den Totz des Piz Kesch zum Beispiel, die steile Pyramide des Piz Linard, und dann vor allem den König der Ostalpen, den Piz Bernina.

Ja, es stimmt: Man sieht fast alles vom Muottas Muragl aus – allein der Piz Bernina ist vom vorgelagerten Piz Morteratsch verdeckt. Man sieht ins Val Roseg hinein, man sieht hinten den Talabschluss mit dem Piz Glüschaint. Um noch mehr zu entdecken, macht man sich am besten auf in Richtung Süden. Man tut dies auf einem wohlbekannten und oft begangenen Weg, was uns aber für einmal recht sein soll. Denn nur dank der Bekanntheit dieses Weges gibt es auch den ersten Etappenpunkt der Wanderung, die Chamanna Segantini. Wie von einem Adlerhorst stürzt von dort der Blick hinunter nach Pontresina, und langsam, aber sicher erweitert sich der Spitzenkranz des Bernina-Massivs. Wer schon dort war, weiss um die wilde Eleganz des Biancograts, der sich messerscharf fast bis zum Gipfel des Piz Bernina aufschwingt, um die teuflischen, haustiefen Spalten des Persgletschers unterhalb des Piz Palü, um die enge Wohligkeit im Rifugio Marco e Rosa zwischendrin.

Man wird hier also verweilen und rasten, bevor der Weg weiter in die Flanke der Las Sours führt. Informative Tafeln machen hier die Folgen der Klimaveränderung begreifbar. Besonders bedrohlich erscheint, dass Bergflanken nun nicht mehr wie früher durch einen gefrorenen Untergrund, den Permafrost, stabilisiert sind, sondern mehr und mehr ins Rutschen geraten. Blöcke oder ganze Fels- oder Hangpartien werden instabil und rutschen ab. Murgänge sind die Folgen, die bis ins Tal reichen können. Kein Wunder, dass die Bewohner von Pontresina schon vor mehr als 30 Jahren begonnen haben, über den Schutz des Dorfes vor Naturgefahren nachzudenken. Anfang dieses Jahrtausends dann liessen sie oberhalb des Dorfes ein Dammsystem von gigantischen Ausmassen errichten. Die zwei Hauptdämme haben je eine Länge von mehr als 200 Metern und bieten ein Auffangvolumen von 240 000 Kubikmeter Lawinenschnee oder 100 000 Kubikmeter Erdmasse aus einem Murgang.

Der letzte Haltepunkt dieses Prototyps einer Panoramawanderung ist die Alp Languard. Nochmals ein Blick in die Weite, diesmal hinein ins Val Bernina, nochmals ein Blick ins Südbündner Eisgebirge, dann ruckelt man mit dem Sessellift gemächlich hinunter nach Pontresina.

Links: St. Moritz aus der Vogelperspektive gesehen.

Rechts: Halt auf Verlangen bei der Chamanna Segantini.

Charakter
Eher kurze Panoramawanderung in alpiner Umgebung entlang eines Klima-Lehrpfades, der die Zerbrechlichkeit des Systems Bergnatur eindrücklich vor Augen führt.

Schwierigkeit
T2, bei schlechten Verhältnissen auch Stellen T3

Höhendifferenz
400 m Aufstieg, 500 m Abstieg

Wanderzeit
2½ Std.

Route
Von Muottas Muragl (2454 m) entlang des Erlebnis-Lehrpfades «Der Klimaveränderung auf der Spur» über Margun (2338 m), Munt da la Bês-cha (2647 m) zur Chamanna Segantini (2731 m) und über Las Sours zur Alp Languard (2325 m).

Variante
Der originale Höhenweg führt von Margun unter dem Munt da la Bês-cha zum Bergrestaurant Unterer Schafberg (2218 m) und von dort wieder leicht ansteigend zur Alp Languard (T2, 100 m Aufstieg, 200 m Abstieg, 2 Std.).

Ausgangspunkt
Pontresina (1805 m). Anreise mit der RhB (Berninalinie) ab Samedan. Standseilbahn nach Muottas Muragl (Pontresina, Tourist Information Telefon 081 838 83 00, www.pontresina.com).

Endpunkt
Alp Languard (2325 m). Sessellift nach Pontresina (10 Min. Fussweg zur Haltestelle Pontresina, Post). Rückreise mit dem Postauto zum Bahnhof Pontresina (RhB-Anschluss).

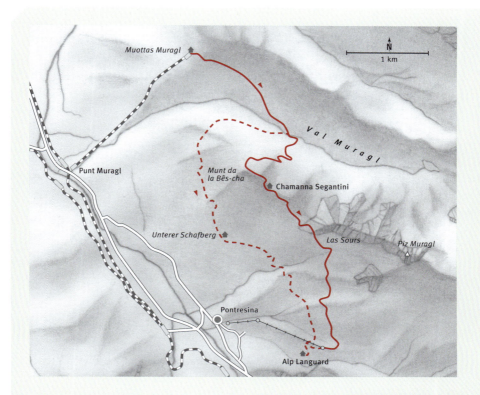

Unterkunft und Verpflegung unterwegs
Bergrestaurant in Muottas Muragl (2454 m),
Telefon 081 842 82 32, www.muottasmuragl.ch
Chamanna Segantini, www.segantinihuette.ch
Unterer Schafberg, Telefon 079 793 06 80,
www.schafberg.ch
Alp Languard, Telefon 081 838 94 00
oder 079 719 78 10

Karten
Landeskarte 1:25 000, 1258 La Stretta,
1278 La Rösa
Landeskarte 1:50 000, 269 Passo del Bernina

Links: Der Piz Palü im Morgenlicht.

Oben: Auf dem schön angelegten Weg
zum Unteren Schafberg.

Von Poschiavo über San Romerio nach Viano

Auf dem Hochsitz Gottes

Eigentlich dürfte die Schweiz nicht in Campocologno schon zu Ende sein. Eigentlich müsste die Eidgenossenschaft über das Puschlav hinausgehen und das Veltlin mit einschliessen – das Tal der Apfelplantagen und der unverkennbaren Weine, die so wohltuend im Hals kitzeln. Aber die Geschichte hat es anders gewollt. 1512 eroberten die Drei Bünde die heute italienischen Talschaften Veltlin, Chiavenna und Bormio. Im Juni 1797 mussten sie die drei Untertanengebiete wieder abtreten, denn Napoleon schlug das Veltlin der neu gegründeten Cisalpinischen Republik zu. Noch heute würde mancher Puschlaver, so er denn könnte, mit der Hellebarde ausrücken, um diesen rabenschwarzen Fleck in der Bündner Geschichte zu tilgen und das Veltlin zurückzuerobern.

Bitter ist auch, dass die schönstgelegene Kirche des Tals noch immer der Gemeinde Tirano gehört. Sie heisst San Romerio, ist rund tausendjährig und liegt am Rand einer mächtigen Felswand, die Hunderte Meter senkrecht abfällt zum Lago di Poschiavo. Da wollen wir hin, und zwar nicht von Viano her mit dem Auto, was man auch machen könnte – allein die letzten paar Hundert Meter wären dann noch zu Fuss zurückzulegen –, sondern zu Fuss, entlang der Via Valtellina, die hier mit dem europäischen Fernwanderweg Via Alpina zusammengeht.

Start ist in Poschiavo, ganz in der Nähe des berühmten Spaniolenviertels. Prächtige Villen erinnern an die Puschlaver Zuckerbäcker, die es im 19. Jahrhundert im fernen Ausland zu beträchtlichem Wohlstand brachten, den sie eindrücklich zur Schau stellten. Langsam, aber stetig steigt der abwechslungsreiche Weg dann an. Oft verläuft er durch Waldpartien, die der Aussicht natürlich nicht sehr zuträglich sind, aber immer wieder ist da eine Lichtung, und dann liegt einem die ganze Talebene zu Füssen. Längst ist vergessen, dass diese Talebene einst so sumpfig und der Taleinschnitt beim Lago di Poschiavo so eng war, dass es kein Durchkommen gab. Deshalb wissen auch nur wenige Wanderer, dass sie sich hier auf dem offiziellen Saumpfad befinden, der als einziger Weg die Verbindung zwischen Poschiavo und Brusio sicherstellte.

Mit dieser Gewissheit wird man doppelt bedächtig dem Weg ins Val da Terman folgen, um danach bei San Romerio mit einem Schlag das Ende der Schweiz und den Anfang Italiens zu Gesicht zu bekommen. Wie ein locker ausgelegter Faden erscheint das Trassee der Rhätischen Bahn mit dem berühmten Viadukt bei Brusio, wo die Schleife, die üblicherweise in einem Kehrtunnel verschwinden würde, offen angelegt ist. Dann weitet sich der Blick über Tirano hinaus zu den Bergamasker Alpen und streift im Osten sogar das Adamello-Massiv. Talaufwärts sieht man die Bernina-Gruppe aus ungewöhnlicher Perspektive, von «hinten».

So speziell wie die Kirche und die Aussicht ist auch das Berggasthaus daneben. Seit fast 200 Jahren ist die Herberge im Besitz derselben Familie. Die jetzigen Pächter haben in 1800 Meter Höhe einen Alpengarten angelegt, in dem sie biodynamischen Gartenbau betreiben. Man wird es sich also nicht entgehen lassen, hier Pizzoccheri mit Mondphasenkräutern zu geniessen, bevor der Weg gemächlich und immer leicht abfallend weiterzieht bis zur Postauto-Haltestelle bei Viano.

Links: Hart am Abgrund: Die Kirche
San Romerio.

Ausgangspunkt Cologna.

Charakter
Abwechslungsreiche Panoramawanderung hoch über dem Lago di Poschiavo.

Schwierigkeit
T2

Höhendifferenz
750 m Aufstieg, 550 m Abstieg

Wanderzeit
5½–6 Std.

Route
Von Poschiavo südöstlich zum Vorort Cologna (1111 m). Der Wanderweg nach Barghi (1412 m) zweigt in der ersten Kehre der Fahrstrasse oberhalb der Kirche ab. Nach der mächtigen Schlucht des Val da Terman über einen steilen Weg hinauf zum Kirchlein San Romerio (1793 m).

Der Lago di Poschiavo füllt den ganzen Talboden aus.

Von San Romerio auf dem Alpweg hinab zum Maiensäss Piaz (1678 m). Weiter über Zavena nach Viano.

Variante
Von San Romerio via Spüligalb (1435 m) steil direkt hinunter nach Miralago (965 m), RhB-Station (T2, minus 1 Std.).

Ausgangspunkt
Poschiavo (1014 m). Anreise mit der RhB ab Pontresina (Tourismus Valposchiavo, Telefon 081 839 00 60, www.valposchiavo.ch).

Endpunkt
Viano (1281 m), Übernachtungsmöglichkeit (Tourismus Valposchiavo, Telefon 081 839 00 60, www.valposchiavo.ch). Rückreise mit dem Postauto nach Brusio, mit der RhB nach Pontresina.

Unterkunft und Verpflegung unterwegs
Alpe San Romerio, Telefon 081 846 54 50, www.sanromerio.ch (Übernachtung möglich)

Karten
Landeskarte 1:25 000, 1278 La Rösa, 1298 Lago di Poschiavo
Landeskarte 1:50 000, 269 Passo del Bernina, 279 Brusio

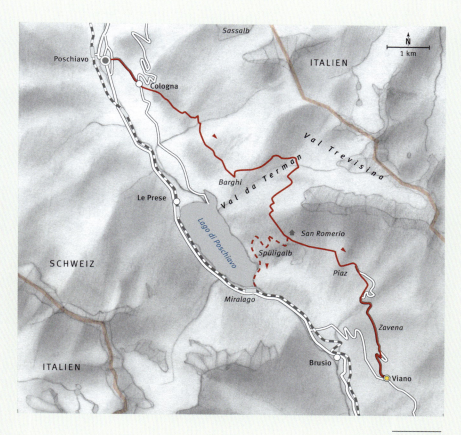

Von Soglio über die Alp Cadrin nach Vicosoprano

Kraftort Bergell

Der Ruf des Bergells ist vor allem jener einer überwältigenden Natur. Er gründet auf der wuchtigen und doch unglaublich eleganten Schönheit der Gneise und Granite der Bondasca-Gruppe rund um den Pizzo Cengalo und den Pizzo Badile. Wer mal dort war, weiss: Da wirkt eine Energie, der man sich nicht entziehen kann. Vielleicht ist es diese Energie, die so ausdrucksstarke Künstler hervorgebracht hat wie Giovanni, Augusto und Alberto Giacometti, deren Gräber zwar im engen Borgonovo liegen, deren Werke aber in alle Welt ausstrahlen. Und vielleicht ist es diese Schönheit, die das Geschlecht der von Salis bewogen hat, nicht nur in Soglio, sondern auch in Bondo, in Chiavenna und in Vicosoprano herrschaftliche Gebäude zu errichten und von dort aus ihren Geschäften nachzugehen.

Der Palazzo Salis in Soglio beherbergt heute einen historischen Hotelbetrieb mit knarrenden Böden, mit in lebensgrosse Porträtbilder gegossener Familiengeschichte der von Salis und mit Betten, in denen gross gewachsene Menschen am besten diagonal Platz finden. Ein idealer Aus-

Zeugen der intakten Berglandwirtschaft oberhalb Soglio (linke Seite) und Blick auf die Steindächer des Dorfes.

gangspunkt also für eine Panoramatour, die uns das Bergell erschliessen soll. Diese Wanderung führt in aller Regel von Soglio nach Casaccia, wobei es drei Routen gibt: eine untere, eine mittlere und eine obere. Die unteren beiden Wege sind bekannt und oft begangen, im Gegensatz zum oberen. Das überrascht nicht, weil es natürlich auch die anstrengendste Route ist. Bis man den höchsten Punkt bei der Alp Cadrin erreicht hat, gilt es, einen Aufstieg von gut 1100 Höhenmetern vorbei an malerischen Ställen und Alpweilern zu bewältigen.

Das ist auch gut so. Denn auf diese Weise kann man sich langsam an das Panorama gewöhnen, das einem dann oben, oberhalb der Baumgrenze, in voller Wucht entgegenschlägt. Unten das Bergell in seiner vollen Länge, das in westlicher Richtung nach Italien ausläuft. Drüben im Süden dann die aalglatten Granitwände, in denen Bergsteigergeschichte geschrieben wurde. Vor allem die Nordostwand des 3305 Meter hohen Pizzo Badile sticht heraus: «Kathedrale aus Granit» hat sie der Bergbuchautor Marco Volken genannt, und er hat recht. Aber auch selbst bewegen wir uns in diesem Fels und können auf Granitbuckeln picknicken. Wer die Kraft hat, kann als Abstecher noch weiter aufsteigen bis zum Pass da la Duana und zum Piz dal Märc.

Gut drei Kilometer lang bewegt man sich nun genussvoll in leichtem Auf und Ab ostwärts. Gern würde man noch länger oben bleiben, die menschenleere Weite geniessen, doch die Wegweiser mahnen zum Abstieg. So taucht man wieder ein in den Waldgürtel und erreicht nach wiederum 1100 Höhenmetern Vicosoprano.

Charakter
Konditionell anspruchsvolle, aber unschwierige und ausgesprochen schöne Bergwanderung.

Schwierigkeit
T2

Höhendifferenz
1350 m Auf- und Abstieg

Wanderzeit
6–7 Std.

Route
Von Soglio auf recht steilem Bergweg ansteigend an den beiden Alpsiedlungen Tombal (1545 m) und Plän Vest (1821 m) vorbei und über Löbbia (1966 m) zur Alp Cadrin (2135 m). Nun ostwärts über der Waldgrenze bleibend bis Plan Lo. Dann senkt sich der Weg wieder, um in steilen Kehren nach Vicosoprano hinunterzuführen.

Variante
Abstecher von Cadrin via Pass da la Duana zum Piz dal März: lang, nur für schnelle und erfahrene Berggänger empfohlen (T3–T4, plus 750 m Auf- und Abstieg, plus 3 Std.).

Ausgangspunkt
Soglio (1090 m). Anreise mit dem Postauto ab St. Moritz (Bregaglia Engadin Turismo, Telefon 081 822 15 55, www.bregaglia.ch).

Endpunkt
Vicosoprano (1067 m). Rückreise mit dem Postauto nach St. Moritz (Anschluss RhB).

Unterkunft und Verpflegung unterwegs
keine

Karten
Landeskarte 1:25 000, 1276 Val Bregaglia
Landeskarte 1:50 000, 268 Julierpass

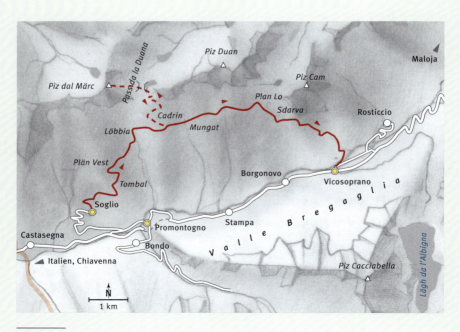

Beim Selvasee

Von Zervreila die drei Seen entlang nach Vals

Dem Valserwasser auf den Fersen

«S'isch guat, d's Valserwasser» – mit diesem Slogan eroberte das Mineralwasser aus dem Valsertal die Märkte. Und es ist tatsächlich speziell, dieses Wasser. Der leicht schweflige Nachgeschmack macht dieses Wasser so unverwechselbar. Ein Wasser, das mit Eisen, Gips und diversen Säuren so reich befrachtet ist, dass es – ab der Quelle getrunken – zwischen den Zähnen knirscht. Solche Quellen gibt es einige in den Bergkränzen rund um Vals. Diese gehören geologisch der Aduladecke an und bestehen aus verschiedenartigen Gneisen, Glimmerschiefern und Amphiboliten, denen Dolomite und Kalke aufgelagert sind. Und sie speisen mit ihren Wassern nicht nur Flaschen, sondern auch Bergseen.

Drei dieser Seen finden sich am Fuss des Guraletschhorns und des Ampervreilhorns in Mulden, die einst von Gletschern ausgehobelt wurden. Sie liegen am Rand einer Wanderroute voller natürlicher Reize – und voller Aussicht. Das beginnt schon bei der Kapelle Zervreila, die von der Postauto-Endhaltestelle beim Restaurant Zervreila in einigen Schritten erreichbar ist. Da liegt er, der Zervreila-Stausee, dessen Wasser via Druckstollen

45

ins benachbarte Safiental weitergeleitet, zwischengenutzt und schliesslich bei Rothenbrunnen im Domleschg ein letztes Mal energetisch angezapft wird. Schon bald verschwindet der Zervreilasee aus dem Blickfeld – und mit ihm der Blick zum Zervreilahorn, das von einem bestimmten Blickwinkel aus dem Matterhorn nicht unähnlich sieht. So werben denn auch die Bündner auf Postkarten mit dem Bild des Zervreilahorns und dem kecken Spruch: «Das Original steht in Graubünden.» Dafür gerät nun die Bergkette rund um den Piz Aul in Blickweite und damit die Bergflanke, aus der das originale Valserwasser gewonnen wird.

Fortunat Sprecher empfahl 1672 das Valser Heilwasser gegen die «kalte Weh», Johann Jakob Scheuchzer schrieb 1752, die Wasser «sollen gleichfalls dienen wider die Fieber». Heute sind die Indikatoren klar festgelegt. Die Schwerpunkte der Heilkraft der wärmsten Quelle des Bündner Oberlands liegen bei Erkrankungen des Stütz- und Bewegungsapparates sowie bei Herz- und Kreislaufproblemen. Und seit der Stararchitekt Peter Zumthor dieser einzigen Thermalquelle Graubündens ein steinernes Gewand von zeitloser Qualität und schlichter Eleganz verpasst hat, kann das Bad in Spitzenzeiten die Gäste gar nicht mehr alle aufnehmen.

So weit sind wir aber noch nicht, um uns schon in der Therme zu räkeln. Denn weiter geht die Wanderung am Ampervreilsee vorbei zum Selvasee, von wo nun auch die Grenzberge zum Safiental sichtbar werden. Eine Konstante auf der ganzen Tour ist die Sicht hinunter ins Valsertal, das in voller Ausdehnung und Länge vor einem liegt. Warum also nicht ein Panoramabad im Selvasee geniessen? So himmeltraurig kalt ist das Wasser im Hochsommer nicht. Und auch der Abstieg gestaltet sich eher kurz und angenehm, sodass man sich oben bei den drei Seen auch ein wenig der Musse hingeben kann.

Der Zervreila-Stausee fügt sich harmonisch in die Landschaft ein.

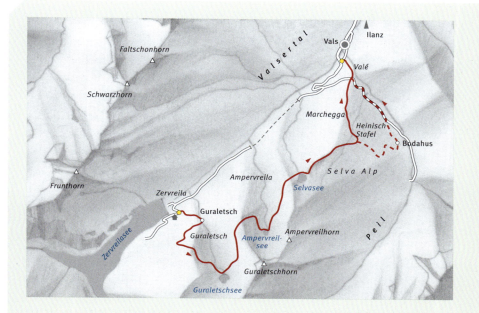

Charakter
Einsame und abwechslungsreiche Seenwanderung hoch über dem Valsertal.

Schwierigkeit
T2

Höhendifferenz
800 m Aufstieg, 1300 m Abstieg

Wanderzeit
6½ Std.

Route
Von Zervreila zur Staumauer und zur Zervreilakapelle. Von dort über Alpweiden, die teilweise mit Felsbändern durchsetzt sind, hinauf zum Guraletschsee (2409 m). Den Abhang des Guraletschhorns entlang und um einen Vorsprung desselben herum zu den Ampervreilseen (2377 m). Danach an der Nordwand des Ampervreilhorns entlang bis zu einem Aussichtspunkt, von dem der Weg ostwärts zum Selvasee abbiegt. Abstieg vom Selvasee (2297 m) nordostwärts über Heinisch Stafel und dann entweder steil und direkt über Marchegga (1932 m) nach Vals oder über Selva Alp/Bodahus zum Strässchen, das nach Peil und Vals führt.

Ausgangspunkt
Zervreila (1840 m). Anreise mit der RhB bis Ilanz, mit dem Postauto bis Vals, Zervreila (www.vals.ch).

Endpunkt
Vals (1254 m). Rückreise mit dem Postauto nach Ilanz (RhB-Anschluss).

Unterkunft und Verpflegung unterwegs
Berggasthaus Zervreila (1840 m),
Telefon 081 935 11 66 oder 079 431 88 89,
www.zervreila.ch

Hinweis
Therme Vals, www.7132therme.com

Karten
Landeskarte 1:25 000, 1234 Vals
Landeskarte 1:50 000, 257 Safiental

 Von Caischavedra über Bostg nach Sedrun

Über den Wäldern

Mehr als dreissig Kilometer weit zieht sich die Surselva von Ilanz hinauf bis zum Oberalppass. Genau genommen beginnt sie beim bewaldeten Bergsturzgebiet zwischen Reichenau und Ilanz. So kommt es nicht von ungefähr, dass «Surselva» zu Deutsch «über dem Wald» bedeutet. Das hat mit der Waldgrenze nichts zu tun, wohl aber mit diesem Wald- und Felsriegel, durch den sich der Vorderrhein und das Trassee der Rhätischen Bahn schlängeln. Um wirklich über die Waldgrenze zu kommen, fährt man an Dörfern wie Tavanasa, Trun oder Sumvitg vorbei und gelangt schliesslich zum Hauptort des Tales, Disentis. Aber auch die Höhenlage dieses Klosterdorfes reicht noch nicht für die Überwindung der Waldgrenze. Zu diesem Zweck bedient man sich am besten der Caischavedra-Seilbahn.

Dann ist man also oben, «sur selva» sozusagen. Damit ist auch die Sicht in die Weite frei. Als Blickfang präsentiert sich im Süden die gletscherumströmte Piz-Medel-Gruppe, daneben führt das Medelsertal zum Lukmanierpass. Noch ein Tal weiter westwärts trägt sich Ausserordentliches zu. Nicht auf dem Talboden des Val Nalps, sondern einige Hundert Meter unter demselben. Dort sind die Röhren des Gotthard-Basistunnels angelegt. 65 Personenzüge mit bis zu 15 000 Reisenden legen täglich die 57 Kilometer Fahrstrecke mit ihren 190 000 Bahnschwellen in 20 Minuten mit bis zu 250 Stundenkilometern zurück. Die Passagiere wissen nicht, dass sich just unter dem Stausee Lai da Nalps während der Bohrarbeiten der Boden um sechs Zentimeter absenkte. Es war Glück, dass die Staumauer keinen Schaden nahm.

Was die Passagiere auch nicht wissen: wie schön es hier oben ist, wenn man von Caischavedra die Höhenkurven entlang nach Sedrun wandert. Besonders schön ist der heidekrautbestandene Aussichtspunkt bei Bostg. Von nirgendwo sonst sieht man die Surselva so direkt und in ihrer ganzen Länge vor oder hinter sich liegen. Man kommt sich vor wie im Landeanflug auf eine kilometerlange, schnurgerade Piste. Auch ist man jetzt von der nördlichen Talflanke so weit abgesetzt, dass man Einblick erhält ins Val Strem, unter dem der Basistunnel weiter nordwärts führt, unter dem Chrüzlistock hindurch ins Urnerland.

Den Wanderer braucht das indes nicht zu kümmern. Er lässt sich auf steilen Wegen hinuntertreiben nach Sedrun und genehmigt sich dort, wenn die Zeit es zulässt, im Bogn Sedrun ein entspannendes Bad.

Blick vom Bostg nach Osten in die Surselva (links) und nach Westen zum Oberalppass (rechts).

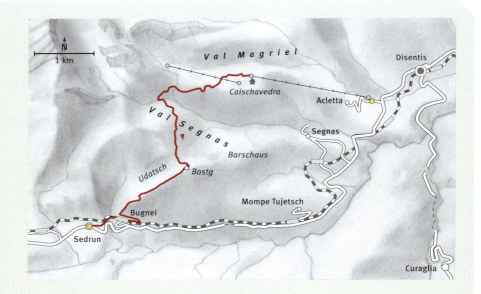

Charakter
Gemütliche Bergwanderung über die Waldgrenze zum mit Alpenrosensträuchern überdeckten Bostg.

Schwierigkeit
T2

Höhendifferenz
150 m Aufstieg, 600 m Abstieg

Wanderzeit
2½ Std.

Route
Von Caischavedra auf gutem Wanderweg den Talkessel des Val Segnas traversierend hinüber zur Kuppe von Bostg (1995 m). Von Bostg auf einem steilen Zickzackpfad hinunter durch den Waldgürtel zu den Häusern von Bugnei (1432 m). Auf gut bezeichnetem Wanderweg weiter nach Sedrun.

Variante
Wanderung in entgegengesetzter Richtung: So kann man mit der Bahn hinuntergondeln und die Knie schonen (plus 1 Std.).

Ausgangspunkt
Caischavedra (1862 m). Anreise mit der RhB ab Chur oder Andermatt nach Disentis, Seilbahn nach Caischavedra (www.disentis-sedrun.ch).

Endpunkt
Sedrun (1406 m). Rückreise mit der RhB nach Andermatt (MGB-Anschluss) oder Chur (SBB-Anschluss).

Unterkunft und Verpflegung unterwegs
Panoramarestaurant bei der Bergstation der Caischavedra-Seilbahn

Hinweis
Mineralbad Sedrun, www.bognsedrun.ch

Karten
Landeskarte 1:25 000, 1212 Amsteg
Landeskarte 1:50 000, 256 Disentis/Mustér

Glücklich, wer da wohnen darf: Feldis.

Rundwanderung zum Mutta ab Feldis

Zwischen Rheintal und Domleschg

«Auf einer Erhöhung des linken Rheinufers am Fusse des lieblichen Heinzenberg überschauen die Mäuerlein und anspruchslosen Gebäude des Frauenklosters Cazis die Hütten eines dem katholischen Glauben zugetan gebliebenen Dorfes. Durch die Felsspalten der Viamala hatte der Südsturm gebraust. Wochenlang hatte der schäumende Rhein zornig an seinen engen Kerkerwänden gerüttelt und herausstürzend die flacheren Ufer verheert. Jetzt führte er ruhiger die gemässigten Wasser zu Tal, umblüht von den warmen Matten und üppigen Fruchtgärten des gegen die rauen Nordwinde geschützten Domleschg.» Mit diesen – gekürzt wiedergegebenen – Worten malt Conrad Ferdinand Meyer in seinem «Jürg Jenatsch» das Bild einer Region, die zu Unrecht vor allem als Transitstrecke zwischen Chur und dem Engadin oder dem Tessin bekannt ist. Im Gegenteil: Das Domleschg ist die wohl burgenreichste Region Europas, und Äpfel aus dem Domleschg gelten als besondere Delikatesse.

Charakter
Einfache Wanderung, die sich auch als Familienausflug bestens eignet (Grill- und Spielplatz bei Plaun Graund gleich oberhalb von Feldis).

Schwierigkeit
T2

Höhendifferenz
520 m Auf- und Abstieg

Wanderzeit
2½–3 Std.

Route
Von Feldis auf gut ausgeschildertem Weg Richtung Alp dil Plaun und Furggabüel nördlich ansteigend um den Mutta herum. Besteigung des Mutta (1981 m) von Norden her, von der Alp da Veulden (1940 m). Vom Gipfel zurück zur Alp da Veulden, dann südwärts auf wiederum bezeichneten Wanderwegen um den Mutta herum (im Winter teilweise Skipiste) nach Feldis.

Varianten
Von der Alp da Veulden den signalisierten Wanderweg entlang weiter via Alp dil Plaun, Furggabüel (2173 m) und Spundisköpf (1846 m) nach Brambrüesch (1590 m). Mit der Seilbahn hinunter nach Chur (T2, 650 m Aufstieg, 550 m Abstieg, ab Feldis 3½–4 Std.).
Bei Bedarf fährt vom Mutta eine Sesselbahn nach Feldis (während der Sommerferien durchgehend von 9.30 bis 16 Uhr in Betrieb, in der Vor- und Nachsaison an Wochenenden, Auskünfte unter Telefon 081 655 10 00). Von dessen Talstation in 10 Gehminuten nach Feldis zur Luftseilbahn hinunter nach Rhäzüns (die Höhendifferenz im Abstieg entfällt, die Wanderzeit verringert sich um ¾ Std.).

Ausgangs- und Endpunkt
Feldis (1469 m). An- und Rückreise mit der SBB bis Chur, mit der RhB bis Rhäzüns, mit der Gondelbahn bis Feldis (ganzjährig in Betrieb), www.feldis.ch.

Unterkunft und Verpflegung unterwegs
Restauration bei der Bergstation Brambrüesch

Karten
Landeskarte 1:25 000, 1195 Reichenau, 1215 Thusis
Landeskarte 1:50 000, 247 Sardona, 257 Safiental

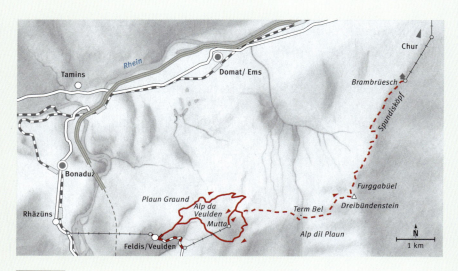

Meyer beschreibt aber auch den Hinterrhein, der, kaum dem Domleschg entkommen, sich bei Reichenau vereint mit dem Vorderrhein und fortan als Rhein der Nordsee zuströmt. Wer diesen Vorgang von oben betrachten will, lässt sich am besten von Rhäzüns her in einer kleinen Gondel nach Feldis hinauftragen. Was für ein Kleinod, dieses Feldis! Da ist mal das Dorf selbst, kompakt gebaut mit viel Holz und verwinkelten Gässchen, ein echtes Bündnerdorf eben. Schon von hier bietet sich ein Blick gegen Westen hin bis in die Surselva, und im Süden liegt einem das geschichtsträchtige Domleschg zu Füssen. Und da sind auch die beiden Rheinarme, die von oben gesehen Silberfäden gleich in die beiden Täler gelegt sind. Um das zu sehen, muss man sich schon noch etwas nach oben bewegen.

Dafür bietet sich der Felsklotz des Mutta an, der im Osten über Feldis wacht. Der Weg dorthin ist romantisch schön, vor allem im Spätherbst, wenn die Lärchen schon Feuer gefangen haben und ihre gelben Nadeln einem Teppich gleich auf den Weg streuen. Er ist auch nicht allzu anstrengend – die gut 500 Höhenmeter lassen sich gut in anderthalb Stunden bewältigen. Wenn man mehr Zeit dafür braucht, ist die Rundsicht schuld, die immer vollkommener wird. Im Norden der Calanda in seiner ganzen Ausdehnung, im Nordwesten der Ringelspitz, im Westen der Tödi, im Südwesten Piz Beverin und Bruschghorn, im Süden das Stätzerhorn, und gegen Nordosten hin erkennt man sogar den Prättigauer Kalkriegel mit der Schesaplana im Zentrum. Unten im Tal liegen derweil wie ausgewallte Pizzateige Chur und Domat/Ems, und da sieht man ihn wieder, den Rhein, wie er sich durchs Rheintal zieht und dann gegen Norden hin entschwindet.

Nun, auf dem Mutta, sieht man schon, wie der Weg noch weiterginge. Man könnte, was viele auch tun, über die Hochebene der Alp dil Plaun zum Furggabüel weiterwandern, wo sich noch die Lenzerheide eröffnen würde. Dann könnte man absteigen zu den Spundisköpf, von wo der Tiefblick schwindelerregend ist, und dann bei Brambrüesch hinuntergondeln direkt nach Chur. Aber man kann auch einfach da oben bleiben und verweilen, um dann im Sinne einer Rundwanderung auf der anderen Bergseite nach Feldis hinunterzufinden. Dort wird man nochmals tief durchatmen, die Energie des Ortes auf sich einwirken lassen und erst dann wieder abtauchen in die Betriebigkeit des Tales.

Vom Jakobshorn über die Tällifurgga nach Sertig

Auf und Davos

Davos ist kein Dorf. Davos ist eine Stadt, offiziell. Noch mehr: Davos ist eine Riesengemeinde. Sie nennt sich inoffiziell «Landschaft Davos» und reicht entlang des Landwassertals bis zum Ferienweiler Davos Wiesen oberhalb von Filisur. Am gemütlichsten lassen sich die Ausmasse der Landschaft Davos vom Jakobshorn her ermessen. Da gibt es eine Seilbahn-Bergstation, da gibt es eine Sonnenterrasse, da gibt es ein Panorama, das keine Wünsche offen lässt.

Unten liegt also die Stadt, die einst ein kleines Walserdorf war. Höchstens der Umstand, dass Davos noch immer nach Walser Art aufgeteilt ist in «Davos Dorf» und «Davos Platz», lässt auf die Geschichte dieses höchstgelegenen Kur- und Kongressortes Europas schliessen. Da schlängelt sich der Landwasser-Fluss talwärts, eingegrenzt von zwei mittelhohen Gratketten. Da gibt es aber auch noch zwei Seitentäler, die links und rechts vom Jakobshorn südostwärts verlaufen, das Dischmatal – dort schnauben jeweils die Finisher des Swiss Alpine Marathon dem Ziel zu – und das Sertigtal. Wobei «Sertig» auf dem zweiten Vokal betont wird. Wer das weiss, wird sofort als Nicht-Unterländer eingestuft und geachtet. Das Sertigtal ist ein altes Walsertal, bis zuhinterst zum Sertigpass. Und es ist ein typisches Glazialtal, vom Gletscher ausmodelliert mit Stufen und Riegeln, hinter denen sich glasklare Bergseelein verstecken. Nicht umsonst wurde gerade das Sertig als «besonders schützenswerte Region der Schweiz» ausgezeichnet.

Grund genug, um sich «gratwegs» zwischen diesen beiden malerischen Bergtälern auf den Weg zu machen. Auf einen Bergweg, der mal direkt auf der Krete, mal eine Felsstufe umgehend, aber immer aussichtsreich praktisch geradeaus führt. Vorbei am Jatzhorn und am Witihüreli, das sich kraxelnderweise auch überschreiten lässt, gelangt man zur Tällifurgga, was übersetzt etwa so viel heisst wie «Tälerpass». Wer am Witihüreli die Lust am Kraxeln entdeckt hat, kann nun noch etwas weiterziehen bis zum Tällihorn oder sogar noch weiter bis zum Wuosthorn. Das ist aber wirklich nur ein Supplement für diejenigen, denen der Weg und die stets umfassende Rundsicht auf das, was für die Meteorologen gerade noch als Alpennordseite durchgeht, nicht genug ist. Denn weiter südlich wechseln nicht nur die Flurnamen die Sprache, indem aus dem «Hahnengrat» der «Igls Cuetschen» wird oder aus dem «Chlein Ducan» der «Ducan Pitschen». Es

Links: Unten zieht sich das Sertigtal dahin. Ganz hinten erscheint der Piz Kesch.

Rechts: Blick zurück zum Jakobshorn.

wechselt oft auch das Wetter, denn hier stauen sich die Wolken, wenn sie vom Norden her kommen, und lassen das dahinter liegende Engadin unbehelligt.

Ist das Wetter jedoch stabil, lässt sich's auch von der Tällifurgga unbehelligt hinunterstreifen nach Sertig Dörfli, das wieder viel Walser Flair versprüht. Besonders beliebt sind dort der Kutschenbetrieb und – für Hochzeiten und Taufen – das 1699 erbaute Kirchlein «Hinter den Eggen».

Charakter
Kurzweilige Gratwanderung im Herzen der Mittelbündner Gebirgswelt.

Schwierigkeit
T2. Alle Wege sind gut markiert. Bei Überschreitung des Witihüreli T3–T4.

Höhendifferenz
800 m Abstieg, 100 m Aufstieg

Wanderzeit
3 Std.

Route
Der Gratweg ist bis zur Tällifurgga (2568 m) gut bezeichnet. Dort trifft man auf den SchweizMobil-Wanderweg, der nach Sertig Dörfli hinunterführt.

Oben: Kaum ist der Schnee weg, spriessen die Soldanellen.

Links: Der Weg ist teilweise schmal, aber nie wirklich gefährlich.

Variante
Von der Tällifurgga Abstecher zum Tällihorn (2684 m) oder Wuosthorn (2815 m). Bis zum Wuosthorn und zurück T4, 300 m Auf- und Abstieg, plus 2½ Std.

Ausgangspunkt
Jakobshorn (2590 m). Anreise mit der SBB nach Landquart, mit der RhB nach Davos (1560 m). Luftseilbahn Davos–Jakobshorn: in Betrieb von Ende Juni bis Mitte Oktober, Telefon 081 417 61 50 (Davos Tourismus, Telefon 081 415 21 21, www.davos.ch).

Endpunkt
Sertig Dörfli (1861 m). Rückreise nach Davos mit dem Bus (VBD Linie 8, Anmeldung für Gruppen: Telefon 081 410 02 75).

Unterkunft und Verpflegung unterwegs
Restaurants in Sertig Dörfli und in der Bergstation auf dem Jakobshorn

Karten
Landeskarte 1:25 000, 1197 Davos
Landeskarte 1:50 000 T, 258 Bergün/Bravuogn

Aufgereiht wie ein Stillleben: Die Alphütten der Pagiger Bleis.

Rundwanderung zum Hochwang ab Triemel

Ab vom Schuss

Die Schweiz ist klein. Noch kleinräumiger ist der Schweizer Alpenraum. Gibt es da überhaupt noch ruhige Ecken? Ja, es gibt sie, und manchmal gar nicht sehr weit weg von der Zivilisation. Dies gilt in besonderer Weise für die Wanderung, die im Folgenden vorgeschlagen wird. Dazu steigt man im Bündner Kantonshauptort Chur in die Rhätische Bahn in Richtung Arosa und steigt einige wenige Stationen später, in St. Peter, wieder aus. Wer sich gut informiert hat, erwischt dort einen Gratisbus zum Sessellift Fatschel. Mit diesem ruckelt man sodann hinauf auf eine bequeme Sockelhöhe von 1880 Metern. Leider gibt es diesen Service nur unregelmässig an Wochenenden. Das spricht gegen die Verträglichkeit der Tour mit dem öffentlichen Verkehr, aber für die Verlassenheit der Gegend.

Gut, dass man auf dieser Wanderung trotzdem bald Gesellschaft erhält. Immer mehr Berge erscheinen am Horizont. Die einen sind bekannte Gesichter wie das Aroser Weisshorn, das Stätzer Horn oder – natürlich – der

Links: Aufgereiht wie ein Stilleben: Die Alphütten der Pagiger Bleis.

Rechts: Gegen Westen brodelt erstes Gewölk.

Calanda. Die weniger bekannten wird man am besten oben auf dem Hochwang zu identifizieren versuchen: den Piz Beverin, die verschiedenen Gipfel des Rätikons, ganz am Ende des Rheintals den Gonzen, den Ringelspitz, vielleicht sogar ganz hinten im Westen den Tödi. Nordwärts sieht man zudem steil hinunter ins Valzeina mit den Trimmiser und Sayser Alpen. Interessant ist, dass auch die Herrschäftler Gemeinden Igis und Zizers da ihre Alpen haben – nicht im benachbarten Valzeina, sondern einen Hügelzug weiter östlich zwischen Rothorn und Fadeuer. Auf der anderen Seite das tief eingeschnittene Schanfigg. Vielleicht hört man noch ganz unten vom Scaläratobel den Nachhall des Wehklagens jener Churer Bürger, die «nicht recht taten» und darum hier in der Sonderhölle für ihre Untaten büssen mussten. Wunderbar.

Noch wunderbarer ist, dass uns nun dieses Panorama noch eine ganze Weile erhalten bleibt. Denn der Weg zurück führt über den Grat, der das Schanfigg vom Prättigau abtrennt. Es folgt jetzt also gewissermassen die Vertiefungsphase, in der man sich die einzelnen Gipfel einprägen oder vor sich hersagen kann. Je nach Talent genügt der Gratabschnitt bis zum Fürggli, sonst kann man auch noch weiterwandern bis zum Faninpass. Dann sollte man definitiv alle Berge memoriert haben. Muss man aber nicht, es gibt auch noch anderes zu beobachten, zum Beispiel Steinböcke. Wer ganz scharfe Augen hat, kann auch schon die Schweizerfahne erkennen, die anzeigt, dass das Skihaus Hochwang geöffnet ist. Da lässt man sich einen kleinen Happen nicht entgehen, bevor man wieder zum Ausgangspunkt zurückfindet.

Charakter
Eher kurze und kurzweilige Gratwanderung.

Schwierigkeit
T2, stellenweise T3. Teilweise im Aufstieg etwas steil, jedoch nie ausgesetzt.

Höhendifferenz
650 m Auf- und Abstieg

Wanderzeit
4 Std.

Route
Aufstieg von Triemel über Pagiger Bleis zum Gipfel des Hochwang (2534 m). Abstieg über Ratoser Stein (2474 m) bis zum Fürggli (2288 m) und dann direkt zum Skihaus Hochwang. Von dort zurück nach Triemel (Sesselbahn).

Variante
Vom Fürggli auf dem Grat weiter über Cunggel (2412 m) bis Faninpass (2208 m), von dort auf bezeichnetem Wanderweg via Skihaus Hochwang nach Triemel (T2, plus 100 m Auf- und Abstieg, plus 2 Std.).

Ausgangs- und Endpunkt
Bergstation des Sessellifts Fatschel–Triemel (1880 m). Anreise mit der SBB bis Chur, mit der RhB bis St. Peter-Molinis. Informationen über die Betriebszeiten des Sessellifts und des Gratisbusses ab Bahnhof St. Peter-Molinis bis Fatschel (beides nur an Wochenenden) unter www.hochwang.ch. Bei Anreise mit dem Auto Parkplatz beim Sessellift Fatschel.

Unterkunft und Verpflegung unterwegs
Skihaus Hochwang (1956 m), 20 Min. ab Triemel in Richtung Arflinafurgga, kein Strom, Reservation und Schlafsäcke obligatorisch,
Telefon 079 282 64 47, www.hochwanghuette.ch

Karten
Landeskarte 1:25 000, 1196 Arosa
Landeskarte 1:50 000, 248 T Prättigau

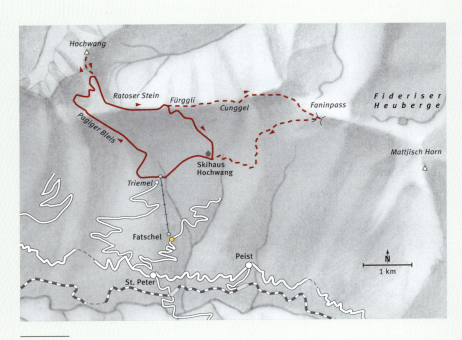

Mächtig erhebt sich im Osten die Rätschenflue.

Von St. Antönien über das Chrüz nach Stels

Kleiner Berg – grosse Aussicht

Manche Leute meinen, man müsse auf das Matterhorn klettern, um die schönste Aussicht der Alpen zu geniessen. Das ist nur schon deshalb eine Fehlüberlegung, weil sie ausgerechnet den schönsten Berg der Gegend, das Matterhorn selbst, dort oben nicht zu Gesicht bekommen werden. Falsch ist diese Annahme auch deshalb, weil nicht immer die höchsten Gipfel von der Aussicht her die interessantesten sind. Man sieht zwar viele Berge ringsherum, aber meist sind sie so weit unten und so weit weg, dass man sie kaum mehr erkennen kann.

Was lernt man daraus? Zwei Dinge. Erstens sind nicht immer die hohen Gipfel die aussichtsreichsten. Und zweitens sind die schönsten Gipfel nicht immer auch die geeignetsten Punkte für eine unvergessliche Rundsicht. Nehmen wir also mal einen Gipfel, der nicht durch Eleganz hervorsticht und auch nicht zu den höchsten zählt. Dafür achten wir auf andere Qualitäten: Steht er allein? Ist er einer Bergkette so vorgelagert, dass man sowohl diese Bergkette als auch das Tal in angenehmer Sichtdistanz betrachten kann? Wie interessant präsentiert sich das Gelände rundherum?

Nimmt man diese Kriterien zum Massstab, landet man zum Beispiel im Prättigau, genauer: in der Region von St. Antönien. Dort gibt es einen runden Buckel aus Flyschgesteinen, der durch nichts auffällt: das Chrüz. Nicht einmal das Kreuz auf dem Chrüz ist besonders gross. Dafür das Panorama: Da sind sie in nächster Nähe, die Dolomitenzacken des Rätikons. Dort, die imposante Kalkwand der Rätschenflue. Da, gleich gegenüber, die Davoser Weissfluh. Dort hinten: der Calanda. Und da unten: das Prättigau in seiner gesamten Ausdehnung, von der Chlus bei Grüsch bis zum Wolfgangpass zwischen Klosters und Davos.

Umso schöner ist, dass sich das Chrüz in einer einfachen, aber doch abwechslungsreichen Wanderung entdecken lässt, zuerst durch wilde Waldpartien (die es bei den hohen Gipfelzielen auch nicht gibt), dann an der Alp Valpun vorbei und zum Schluss doch noch etwas steil zum Gipfel. Dann gegen Westen hin auf einem lang gezogenen Grat hinunter, der die Aussicht in schönster Weise ausklingen lässt, hin zum malerischen Stelserseelein, das hinter einem gut sichtbaren Moränenwall ruht und von Pro Natura unter Schutz gestellt wurde. Gern nimmt man noch einen Umtrunk im ebenso malerischen Bergbeizli Zum See, bevor man hinuntertrödelt zur nahen Endhaltestelle des Postautos beim Stelserberg.

Aller Aussichtsromantik zum Trotz: Wer hier wohnen will, muss sich etwas einfallen lassen. Und das haben viele Stelserinnen und Stelser mit Erfolg gemacht. Während auf dem Hof de Planis ein Zentrum für Tagungen und Retraiten in stiller Natur hoch über dem Regionalzentrum Schiers entstanden ist, bieten die Bauern vor Ort Bio-Salsiz, Holzofenbrot, Alpkäse, aber auch Kräutertees, Salben und Öle an. Ein weiterer Erwerbszweig ist die KAGfreiland-Mutterkuhhaltung. Sie drängt sich nicht nur aus ökologischen, sondern auch aus wirtschaftlichen Überlegungen auf, bedeutet sie doch eine grosse Chance, auch in den bergnahen Kleinstbetrieben aussichtsreiche Fleischpreise zu erzielen.

Perfekte Spiegelung im Stelsersee.

Charakter
Leichte Bergwanderung, die tiefe Ein- und Aussichten ins Prättigau ermöglicht.

Schwierigkeit
T2

Höhendifferenz
750 m Aufstieg, 920 m Abstieg

Wanderzeit
5 Std.

Route
Von St. Antönien auf der Alpstrasse oder auf einem Wanderweg westwärts hinauf bis Soppa/Aschüel (1596 m). Dort zweigt der Wanderweg links ab und führt durch Wald und Hochmoorpartien zur Alp Untersäss. Nun immer mehr ansteigend über die Alp Valpun (1882 m) zur Nordrippe des Chrüz und diese entlang auf zuletzt gewundenem Weg zum Gipfel (2195 m). Der Abstieg erfolgt über den gegen Südwesten hin ausgesetzten Nordwestgrat zum Stelsersee (1669 m) und von dort teils auf Fahrstrassen, teils auf Wanderwegen zur Postauto-Endhaltestelle beim Stelserberg.

Ausgangspunkt
St. Antönien (1420 m). Anreise mit der SBB bis Landquart, mit der RhB bis Küblis, mit dem Postauto bis St. Antönien, Rüti. Mehrere Gasthäuser in St. Antönien und Umgebung (www.st-antoenien.ch).

Endpunkt
Stels, Mottis (1470 m). Rückreise mit dem Postauto nach Schiers, mit der RhB nach Landquart (SBB-Anschluss).

Unterkunft und Verpflegung unterwegs
Berghaus zum See (1650 m), Telefon 081 328 11 50 oder 079 551 81 33, www.berghauszumsee.ch
Berggasthaus Mottis (1588 m), 200 Meter ab Postauto-Endstation Stels, Mottis, Telefon 081 328 13 19, www.mottis-stels.ch

Karten
Landeskarte 1:25 000, 1176 Schiers, 1177 Serneus
Landeskarte 1:50 000, 238 T Montafon, 248 T Prättigau

Rundwanderung zum Regitzer Spitz ab Fläsch

Fels in der Brandung

Dieser Berg ist Ihnen sicher bekannt – auch wenn Sie im Moment nicht wissen, wohin Sie den Regitzer Spitz in Ihrem geografischen Gedächtnis stellen sollen. Sie kennen ihn, weil Sie schon mit dem Auto oder mit dem Zug von St. Gallen oder Zürich kommend in Richtung Chur gefahren sind, oder in der Gegenrichtung. Und vielleicht mögen Sie sich jetzt erinnern: Da ist doch dieser Hügel nach Sargans, mit dem Hochspannungsmast, der so schief steht, dass er jeden Moment herunterzukrachen droht. Wie ein Fels in der Brandung leitet dieser Berg die Wasser- und Verkehrsströme des Rheintals an sich vorbei. Und oben: welche Aussicht! Gegen Süden das Bündner Rheintal von Chur bis Sargans, das sich am Gonzen zerteilt in das Seeztal, dessen Lauf man vor sich hat bis zum Walensee, und in das St. Galler Rheintal, dessen Ende mit dem Bodensee man vermutet. Beim Zurückschweifen erkennt man noch den Alpstein mit dem Hohen Kasten, zoomt am Zapfen des Spitzmeilen vorbei hin zum Calanda und zum Ringelspitz.

Der Regitzer Spitz bestätigt wieder einmal, dass es oft die unscheinbaren, eigentlich nur wenig hohen Gipfel sind, die interessantere Weit- und Tiefblicke offenbaren als mancher entrückte Viertausender. Und das nicht erst auf dem höchsten Punkt, sondern schon auf dem Bergweg, der sich vom Weinbaudorf Fläsch her steil hinaufwindet. In den Kiefernwäldern riecht es nach Süden, immer wieder brandet der Weg an die Felswand, die vom Tal her gesehen so abweisend aufragt. Aussichtspunkte lassen das Rheintal immer kleiner erscheinen, unten entschwinden Dorf und Tal in einer Dunstschicht, durch die irisierend die Sonne geheimnisvolle Strahlen schickt. Oben wartet eine Lichtung mit einer Wiese, aber auch ein nur schlecht getarnter grauer Betonbau aus alten Reduit-Zeiten. Wieder verschwindet man im Nadelgehölz, wieder reiht sich Kehre an Kehre, und dann ist man oben, im Staunen mit Bikern vereint.

Man geniesst, verweilt und zieht weiter nordwestwärts, hinunter und vorbei am Guschaspitz zur Alp Lida. Wer es beim Wandern belassen will, folgt der Alpstrasse noch weiter bis zur Alp Hölzli, bevor ein Wanderweg links um einen Ausläufer der Felsbänder herumführt und dann wieder Kurs nimmt in Richtung Fläsch. Wer sich vor steilen Wegspuren nicht scheut und trittsicher genug ist, wird bei der Alp Lida aber abdrehen zu ebendiesem Hochspannungsmast, der da so schräg in der Landschaft steht. Er wird ihn umrunden, einen Blick über senkrechte Flühe in die Tiefe riskieren und sich fragen: Und da soll ich hinunterkommen? Nein, da nicht, wird die Vernunft einwenden, aber vielleicht einige Meter weiter oben. Und siehe da: Ein altes Drehkreuz weist den Weg zu einem Jägerpfad, der nur wenig ausgeprägt und teilweise abschüssig, aber nicht wirklich gefährlich hinunterführt zu demselben Holzweg, in den sich auch die Wanderer eingeklinkt haben.

Über allen Gipfeln ist Ruh'... (rechts)
...und wie ein lieblicher Hügel erhebt sich der Gonzen aus dem Dunst (links).

Charakter
Gipfelüberschreitung auf abenteuerlichen Wegen mit schwindelerregenden Tiefblicken.

Schwierigkeit
Oft T2. Die Jägerpfadvariante östlich des Hochspannungsmasts (der sogenannte Lidisgang) ist T3.

Höhendifferenz
630 m Auf- und Abstieg

Wanderzeit
4–5 Std.

Route
Am westlichen Dorfrand von Fläsch setzt der Wanderweg an, der zuerst in Form eines Fahrweges, dann aber schon bald als schmaler Fusspfad bergan steigt bis zu einer kleinen Ebene beim Schnielskopf. Die Ebene durchschreiten, dann weiter auf zuerst wieder breiterem, dann sich abermals verjüngenden Weg ansteigend zum Regitzer Spitz (1135 m). Die Aussichtsplattform durchqueren und auf der andern Seite auf schmalem Weg absteigen zu einer mässig steilen Lichtung. Diese schräg absteigend nach Norden durchqueren, bis die Wegspuren westlich des Guschaspitzes wieder in einen Fahrweg münden. Auf diesem Alpsträsschen zur Lichtung Lida (878 m, Nähe Hochspannungsleitung). Nun auf

Bekannt und geliebt: Hier gedeiht der Fläscher Rebensaft.

der Strasse bleibend zur Alp Hölzli und oberhalb dieser auf Bergweg links um eine Felsbarriere herum in die Westflanke des Fläscher Bergs (Bezeichnung des gesamten Massivs). Zuerst auf diesem Bergweg, dann wiederum auf Fahrstrasse in weiten Kehren hinunter und schliesslich zurück nach Fläsch.

Variante
Von Lida (878 m) südlich den Hochspannungsleitungen folgend auf Wegspuren zum schrägen Mast. Rund 70 Meter östlich des Masts altes Wegkreuz und danach steile Wegspuren (Lidisgang) hinunter zur Forststrasse, die nach Fläsch zurückführt. T3–T4, Trittsicherheit obligatorisch!

Ausgangs- und Endpunkt
Fläsch (528 m). Anreise mit der SBB bis Bad Ragaz oder Landquart, weiter mit dem Postauto nach Fläsch.

Unterkunft und Verpflegung unterwegs
Keine – nicht einmal Trauben vom Weinberg, denn Mundraub ist in Fläsch bei Strafe verboten!

Karten
Landeskarte 1:25 000, 1155 Sargans
Landeskarte 1:50 000, 237 Walenstadt

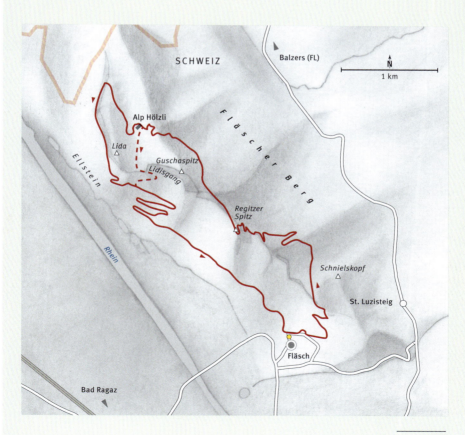

Von Gaflei über die Drei Schwestern nach Planken

Das Ländle von oben

Man mag vom Fürsten von und zu Liechtenstein halten, was man will. Aber das Ländle, über das er herrscht, ist schon ein besonderer Ort auf unserer Erde. Nicht wegen der Gemeinden, die sich den Rhein entlangziehen. Auch nicht wegen der Dörfer, die sich an den teils recht steilen Hängen ausbreiten. Sondern wegen der Berge, die das Ländle gegen Österreich und die Schweiz abgrenzen, und da ganz besonders wegen der Drei Schwestern. Drei Kalkzapfen ragen oberhalb des Fleckens Planken in den Himmel und sind Teil eines schlicht grandiosen Gratweges. Der Drei-Schwestern-Steig und der Fürstensteig zählen zu den kühnsten Weganlagen des Rätikons. Leitern und Seile, Tritte und Stifte helfen dem trittsicheren Bergwanderer über ausgesetzte Wegstellen hinweg. Bei stets wechselnden Aussichten bewegt er sich im Fels, quert ein Felsenfenster, sieht auf einem senkrechten Aufschwung ein Kreuz, turnt über einen abgeschliffenen Felskopf und steigt über feste Tritte zu einem Weidebord ab.

Der Fürstensteig, das noch kühnere Gegenstück zum Drei-Schwestern-Steig, schlängelt sich seit 1898 in grossartiger Felsszenerie von Gaflei herauf. Aber überall findet die Hand ein sicherndes Seil. Ein alter Rohrzaun führt vermeintlich ins Bodenlose, die Wegspur aber dreht sich zu einem Kamin, der über eine mehr oder weniger solide Holztreppe überstiegen wird. Wir überblicken das Werk der Erosion: In wilden Bahnen rollt das Gestein und Geschiebe zu Tal, und manchmal geht auch ein Felskopf mit, auf dem früher der Weg angelegt war.

Kuhgrat (2122 m) und Garsellikopf (2104 m) sind die höchsten Erhebungen der Drei-Schwestern-Kette. Der Blick von diesen alpinen Logen ist äusserst kontrastreich. 1500 Meter unterhalb breitet sich im Westen das Rheintal aus, ostwärts blickt man hinunter zum einsamen, unwirtlichen Saminatal. Gegen Süden hin baut sich der Rätikon auf, von den sanften Bergtälern und grünen Alpen bis hin zur wild aufgetürmten Falkniskette. Über dem Walgau zieht sich der lange Walsergrat ostwärts, und über den Graten der Hohen Köpfe erspähen wir die Berge des Lechquellengebirges. Im Westen zeigen sich beidseits vom Toggenburg der Alpstein mit dem Hohen Kasten und die Churfirsten. Alle diese Berge gehören wie auch die Drei Schwestern zu einem System von Kalkbarrieren, die langsam, aber sicher vom Wasser zerfressen werden oder aberodieren. Im Schutt und in den Felsritzen blühen derweil kalkliebende Blumen. Enziane und Soldanellen stehen neben Alpenastern und Glockenblumen, weil manchmal der Schnee bis im Sommer in den Runsen liegt.

Links: Erlengebüsch säumt den Panoramaweg.

Rechts: Mächtig erheben sich die Drei Schwestern über dem Ländle.

Bald dunkelt es ein auf dem Fürstensteig.

Charakter
Eine Gratwanderung mit dem anderen Blick ins Rheintal und zum Alpstein. Abwechslungsreich und überraschend vom ersten bis zum letzten Schritt. Der Weg ist in beide Richtungen begehbar; die Aussicht in die Berge ist beim Start in Planken oder auf der Gafadurahütte fast noch schöner.

Schwierigkeit
T2–T3. Durchgehend markierte alpine Steiganlagen mit ausgesetzten Stellen (Leitern, Seilsicherungen) für trittsichere und erfahrene Bergwanderer, dazwischen leichter Höhenweg. Es existieren jedoch an allen kritischen Stellen Umgehungsmöglichkeiten, dann T2. Begehbar ab Mitte Juni.

Höhendifferenz
800 m Aufstieg, 1400 m Abstieg

Wanderzeit
5–7 Std.

Route
Von Gaflei zuerst auf einem Wanderweg, dann auf dem Fürstensteig steil hinauf zum Gafleisattel (1855 m). Von dort einfacher den Grat entlang über den Gafleispitz (1982 m) und den Kuegrat (2122 m) zum Garsellikopf (2104 m). Weiter zu den Drei Schwestern (2047, 2051 und 2034 m), von denen ein weiterer Alpinwanderweg steil hinunterführt via Sarojasattel (1626 m) zur Gafadurahütte (1427 m). Von der Gafadurahütte auf Alpstrasse und Wanderweg im Wald hinunter nach Planken.

Varianten
Sowohl der Fürstensteig als auch der Drei-Schwestern-Steig lassen sich umgehen: der Fürstensteig via Bärgällasattel (1741 m) und Alpspitz (1942 m), der Drei-Schwestern-Steig vom Garsellikopf via Garsellaalpe (1757 m). T2, Gesamtzeit 5–6 Std.

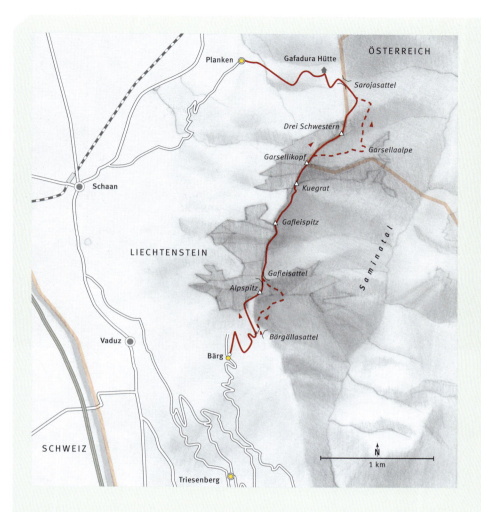

Ausgangspunkt
Gaflei (1483 m). Anreise mit der SBB bis Sargans, mit dem Bus Richtung Feldkirch bis Vaduz und weiter Richtung Malbun bis Triesenberg, mit dem Rufbus ab Triesenberg bis Gaflei (www.tourismus.li).

Endpunkt
Planken (786 m). Rückreise mit dem Bus nach Vaduz und weiter nach Sargans (SBB-Anschluss).

Unterkunft und Verpflegung unterwegs
Gafadurahütte LAV (1427 m), auf der Gafadura-alpe. 50 Plätze, bewartet von Pfingsten bis Oktober. Hüttentelefon: +423 787 14 28, Telefon Wirte: +41 78 770 63 99 und +41 78 947 30 61 (www.gafadurahuette.li). Bei Übernachtung in der Gafadurahütte bietet es sich an, die Tour in der entgegengesetzten Richtung zu unternehmen (Gesamtzeit 6–7 Std., davon 1½ Std. für den Hüttenzustieg).

Karten
Landeskarte 1:25 000, 1136 Drei Schwestern
Landeskarte 1:50 000, 238 Montafon

Vom Hohen Kasten über die Saxerlücke nach Brülisau

Der Klassiker

Der Alpstein ist voll von attraktiven Panorama-Wanderrouten. Die Mutter aller Panoramatouren beginnt dabei auf dem Hohen Kasten, dem Berg also, der ostwärts das Ende des Alpsteins markiert. Das hat den grossen Vorteil, dass man von hier das ganze Massiv in einmaliger Art überblicken kann – besser, als wenn man mittendrin steht. Ausserdem kommt erleichternd hinzu, dass hier hinauf eine Bahn führt und ein modernes Drehrestaurant (eine Stunde pro Drehung) für einen unvergesslichen Tagesauftakt besorgt ist. Denn von hier lässt sich nicht nur das Säntisgebirge mit allen Verwinkelungen studieren, sondern der Blick weitet sich auch über das Rheintal bis zu den Vorarlberger Alpen und über die Appenzeller Voralpen hinweg bis weit in die deutschen Lande hinein. Das muss man erst einmal verdauen, und dabei hilft ein Chrüterkaffee bestens.

Zu viel Kurvenöl sollte man aber nicht schon zu Beginn zu sich nehmen. Schliesslich wartet eine der spektakulärsten Gratwanderungen der Schweizer Alpen: weil man sich am Tiefblick hinunter ins Rheintal einfach nicht sattsehen kann. Weil der Sämtisersee auf der anderen Seite so lieblich heraufblitzt. Weil man sich fühlt wie in einem Segelflugzeug. Bei der Stauberen dann der zweite Kaffeehalt und die Frage: Aufstieg zur Stauberenkanzel – ja oder nein? Weit ist es ja nicht, aber etwas Alpinwandererfahrung braucht es schon. Vor allem das Fünfmeterwändli mit den Eisenstiften drin ist nicht jedermanns Sache. Entsprechend die Bewertung: T5, das heisst exponierte Passagen mit Absturzgefahr.

Wer es hinaufschafft, bereut es nicht. Wer es nicht hinaufschafft, braucht sich auch nicht zu grämen. Denn es geht nochmals anderthalb Kilometer weiter, in einem Gelände, wo einem ausser dem Himmel nichts auf den Kopf fallen kann. Dann erst, bei der Saxerlücke, taucht man nach gut fünf Kilometer Panoramagrat ab zum Berggasthaus Bollenwees – gerade recht zur Mittagszeit. Nun kann man die Sache gemütlich auslaufen lassen, indem man am Sämtisersee vorbei zum Berggasthaus Plattenbödeli zieht und von dort abtaucht nach Brülisau. Wanderer mit viel Power können aber auch noch die Alp Sigel anhängen. Noch einmal liegen einem auf der Zahmen Gocht die Ostschweiz und ein guter Teil des Schwabenlandes zu Füssen, noch einmal zieht sich vor den Augen der ganze Stauberengrat südwestwärts, noch einmal hebt man ab. Nur Fliegen ist schöner. Oder die Fahrt mit dem Alp-Sigel-Seilbähnli zurück zum Ausgangspunkt.

Links: Blick zurück zum Hohen Kasten.

Rechts: Ein beliebtes Ziel und stets gut besucht: Berggasthaus Stauberenkanzel.

Charakter
Aussichtsreiche Bergwanderung. Der Gegenaufstieg zur Alp Sigel mag etwas anstrengend sein, aber er lohnt sich!

Schwierigkeit
T2, Schlussaufstieg zur Stauberenkanzel T5

Höhendifferenz
1200 m Abstieg, 350 m Aufstieg

Wanderzeit
5–6 Std.

Route
Vom Hohen Kasten zuerst nördlich hinunter zum Kastensattel (1677 m), dann unter dem Gipfelkopf traversierend zum Südwestgrat. Auf diesem rund 5 Kilometer via Stauberen (1745 m) und evtl. Stauberenkanzel zur Saxerlücke (1650 m). Kurzer Abstieg zur Bollenwees (1470 m), dann auf Alpstrasse hinunter zum Sämtisersee und kurzer Gegenaufstieg zum Plattenbödeli (1279 m). Vom Plattenbödeli auf teilweise steiler Fahrstrasse durch das Brüeltobel nach Brülisau.

Varianten
Vom Appenzeller Sämtis Gegenaufstieg zur Alp Sigel (1579 m). Entweder weiterer Aufstieg bis zur Gratkante und dann über die Zahme Gocht (P. 1659) direkt auf Bergweg hinunter nach Brülisau oder nordostwärts hinüber zur Bergstation der kleinen Seilbahn, die nach Hasler hinunterführt (siehe www.alpsigel.ch). Von dort entlang der Fahrstrasse nach Brülisau.
Schlussaufstieg von Stauberen zur Stauberenkanzel (1860 m): kurzer Schlussaufstieg auf gut sichtbarer Wegspur zuerst über Legföhren, dann über Kalkschrofen und ein kurzes Kalkwändli zum Gipfel (T5, Auf- und Abstieg 30–50 Min.).

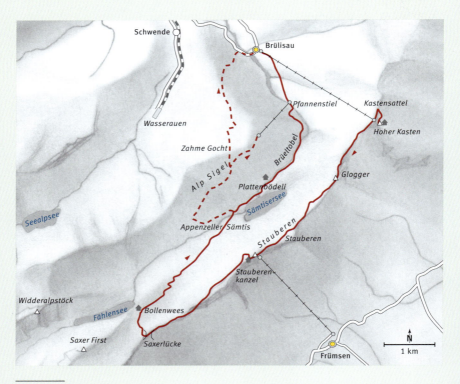

Kalkfluh hinter der Stauberenkanzel.

Unten: Das Drehrestaurant auf dem Hohen Kasten.

Ausgangspunkt
Hoher Kasten (1793 m). Anreise mit den Appenzeller Bahnen bis Weissbad, mit dem Postauto oder Rufbus (Telefon 0848 553 060) bis Brülisau, mit der Seilbahn auf den Hohen Kasten (www.hoherkasten.ch).

Endpunkt
Brülisau (922 m). Rückreise mit dem Postauto oder Rufbus nach Weissbad (Anschluss zur Appenzeller Bahn).

Unterkunft und Verpflegung unterwegs
Drehrestaurant auf dem Hohen Kasten (1793 m), www.hoherkasten.ch

Restaurant Stauberen (1745 m), Panoramarestaurant mit Zimmern, Gondelbahn hinunter nach Frümsen, www.staubern.ch
Berggasthaus Bollenwees (1470 m), grosses Berghaus mit Zimmern und Massenlager, www.bollenwees.ch, 071 799 11 70
Berggasthaus Plattenbödeli (1279 m), beliebtes Ausflugsrestaurant mit Zimmern, www.plattenboedeli.ch, 071 799 11 52

Karten
Landeskarte 1:25 000, 1115 Säntis
Landeskarte 1:50 000, 227 Appenzell

Rundwanderung zum Gäbris ab Gais

Lueget vo Bärg und Tal

Auf dem Gäbris reisst der Vorhang auf. Plötzlich, aus dem nebelgrauen Nichts heraus, eröffnet sich vor einem die Bühne der Appenzeller Voralpenwelt. Diesmal schaut man nicht vom Hohen Kasten oder vom Säntis hinunter auf den Rest der Welt, sondern man lässt das Säntis-Massiv selbst auf sich einwirken. Wie versteinerte Flutwellen branden massig die zusammengestauchten und aufgefalteten Kalkgesteinpakete des Säntis und des Hohen Kastens auf, gegen Norden hin langsam abebbend als Kronberg, Fähnerenspitz oder Hoher Hirschberg. Dazwischen breiten sich auf weiten Ebenen entlang der jungen Sitter die Dörfer rund um Appenzell aus.

    Natürlich kann man mit dem Auto auf den Gäbris fahren. Panoramawanderer lassen sich aber inspirieren von der Wanderweg-Organisation Wanderland Schweiz, die eine spannende und äusserst aussichtsreiche Gäbris-Rundtour vorschlägt. Die regionale Route Nr. 979, genannt «Gäbristour», startet in dem malerischen Dorf Gais, bekannt als Kurort, bekannt aber auch für das ganz im Appenzeller Stil erhaltene Dorfzentrum. Zum

Einlaufen geht es über Wiesen und durch Wälder hinunter nach Bühler, bevor man die erste Hügelkette erklimmt. Rund eine Stunde später steht man auf dem ersten Höhepunkt der Rundtour, der Hohen Buche auf etwas mehr als 1100 Metern. Das ist nicht hoch, aber hoch genug für eine traumhafte Aussicht über St. Gallen hinaus bis zum Bodensee und – natürlich – gegen Süden hin zum Alpstein.

Das nächste Wegstück ist Teil eines Meteo-Wanderweges. Toll natürlich, wenn auf dieser Route das Wetter schön ist und sich die Aussicht vollumfänglich präsentiert. Aber auch wenn etwas Nebel aufkommen sollte, schlimm ist das nicht: Denn auf dem Gäbris gibt es ein Bergrestaurant nicht nur mit einer grossen Terrasse, sondern auch mit einer heimeligen Gaststube. Da läuft immer etwas. Zum Beispiel, wenn hinter mächtigen Sennenschellen einige Bergkameraden einem Jubilar zuprosten. «Ausser Mittwoch haben wir immer offen», sagt Pächter Bernhard Dörig aus Herisau. Was er anbieten kann? «Südwooscht, Chääsmageroone ond Epfelmues.» Gerade richtig, um Kraft für den Weiterweg zu schöpfen. Dieser führt am Gäbrisseeli vorbei in eine Senke und von dort nochmals hinauf zum letzten Aussichtspunkt, dem Sommersberg. Noch einmal der Blick zur Alpsteinbühne mit den verschiedenen Kulissen, noch einmal der Blick hinunter ins Mittelland, dann aber auch ins Rheintal und hinüber ins Österreichische.

Trotz der Aussichten ist das Gelände offen, weit, sanft. Und selbst wenn man hetzen wollte – man würde es nicht können. Man versteht, warum in dieser Region das Zäuerli, der herbe, kräftige Klang des Appenzeller Naturjodels, entstanden ist. Er gehört genauso in diese Landschaft wie die naive Bauernmalerei. Die Höfe, die Häuser haben etwas Friedliches an sich, das über Jahrhunderte entstanden ist und heute sorgfältig kultiviert wird. Zum Beispiel in Gais, wo man schon bald wieder angekommen ist.

Links: Der Säntis ist auf dieser Wanderung allgegenwärtig.

Rechts: Das idyllische Gäbrisseeli.

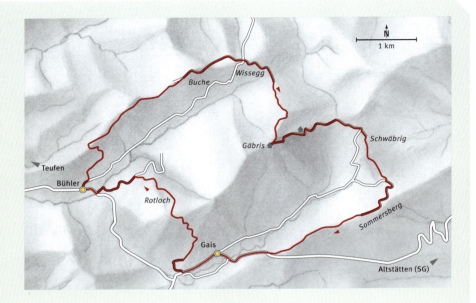

Charakter
Abwechslungsreiche Rundtour mit einem lohnenden Zwischenstopp auf dem Gäbris.

Schwierigkeit
T2

Höhendifferenz
950 m Auf- und Abstieg

Wanderzeit
6–7 Std.

Route
Von Gais via Rotloch nach Bühler (824 m). Hinauf zum Gratrücken, der via Hohe Buche (1130 m) in Richtung Trogen führt. Bei Wissegg (1054 m) südwärts und leicht hinauf zum Gäbris (1250 m). Vom Gäbris zuerst ostwärts, dann südwärts via Schwäbrig (1147 m) hinauf zum Sommersberg (1177 m). Direktabstieg westwärts nach Gais.

Ausgangs- und Endpunkt
Gais (933 m). An- und Rückreise mit der SBB bis St. Gallen, mit den Appenzeller Bahnen bis Gais (www.gais-tourismus.ch).

Unterkunft und Verpflegung unterwegs
Gasthaus Oberer Gäbris, Telefon 076 379 32 22, gasthaus-oberer-gabris.business.site
Gastwirtschaft Unterer Gäbris, Telefon 071 793 12 01, www.unterergaebris.ch

Karten
Landeskarte 1:25 000, 1095 Gais
Landeskarte 1:50 000, 227 Appenzell

Von der Alp Aeugsten aus zeigt sich der Schilt von seiner felsigen Seite.

 Von Aeugsten via Schilt zum Gufelstock

Natur pur

Lassen wir den Blick vom Schilt, dem markanten Felsklotz oberhalb Ennenda, zuerst in die Weite schweifen. Rechts der Glärnisch in seinem ganzen Stolz, hinten der mächtige Klotz des Tödi, auf der anderen Seite Churfirsten, Flumserberge und Sardona. Unten dann, weit unten, zieht sich das Glarner Haupttal dahin. Der Schilt ist einer der Orte, auf dem man sich vorkommt wie ein Adler. Der Schilt ist aber auch erster Höhepunkt einer Grat-Rundtour, die nicht nur wegen ihres Dauerpanoramas keine Wünsche offen lässt. Sie ist auch botanisch und geologisch hochinteressant.

Das beginnt gleich nach dem Schilt zwischen Rotärd und Schwarzstöckli. Dort lagern wein- bis violettrote Ton- und Siltschiefer. Es handelt sich dabei um schiefrige Serien des sonst grobkörnigen Verrucanogesteins. Dieses muss auf einem Schuttkegel unter wüstenhaften Bedingungen entstanden sein, wie sie heute im Death Valley herrschen. Solche Verrucanogesteine gehören zu den ältesten Ablagerungsgesteinen der Schweiz und dürften 250 bis 300 Millionen Jahre alt sein. So sind die Gesteine der Rotärd älter als die umliegenden Kalkmassive des Schilt oder des nahen Mürtschenstocks und Zeugen davon, wie bewegt die geologische Vergangenheit dieser Region ist. Nicht zuletzt deshalb haben die Glarner dieses Gebiet zum Geopark erklärt und erreicht, dass die Gegend vom Fronalpstock bis zur Sardona 2008 von der Unesco zum Weltnaturerbe erklärt wurde.

Wir bewegen uns jedoch nicht auf dem Geopark-Höhenweg, sondern machen uns auf in Richtung Süden. Dabei überschreiten wir nach der Rotärd den Wisschamm, um auf dem Schwarzstöckli zu landen. Weit unten sichtbar der tiefblaue Murgsee, einst von den Arbeitern des nahen Erzbergwerkes aufgestaut, jetzt von Fischern bewirtschaftet. Auf der anderen Seite des Schwarzstöckli führt die Grattour hinunter zum Punkt 2313. Vielleicht hat man Glück und beobachtet eine Steinbockkolonie, denn westlich des Grates befindet sich das Jagdbanngebiet Schilt. Die Tiere können sich also sicher fühlen – sie werden sich wohl über die Grenzziehung des Jagdbanngebietes informiert haben...

Wenig geübte Bergwanderer werden dann wieder abtauchen zum Bärenboden, ambitioniertere Berggänger hingegen können sich noch den Heu- und den Gufelstock vornehmen. Das sind nochmals anderthalb Kilometer Gratgenuss, wobei sowohl auf dem Heustock wie auf dem Gufelstock ein Rundumpanorama wartet. Nur ist der Weg nicht mehr ganz so gut, und vor allem bei schlechten Verhältnissen ist an einigen Stellen Vorsicht geboten. Dies gilt auch beim Abstieg vom Gufelstockgipfel bis zu den «Seelenen». Dort ist der Weg bis zur Alp Ober Fesis wieder besser, bevor nochmals eine etwas heiklere Traverse hinüber zum Schafleger folgt.

Spätestens hier ist es ratsam, den Blick – wie schon zu Beginn der Wanderung von Aeugsten hinauf zum Schilt – in die Nähe zu richten. Denn hier kommt man in den Bereich von Trockenwiesen mit einer prachtvollen Blumenvielfalt. Sogar farblich mutierte Enziane gibt es hier zu entdecken.

Die kleinen Karseen unterhalb des Gufelstocks sind zwar namenlos, aber dennoch wunderschön.

Charakter
Spannende Grattour in einem Gebiet, das sonst mit gangbaren Gratwegen nicht reich gesegnet ist. Interessante Geologie und Botanik, umwerfende Tief- und Weitblicke.

Schwierigkeit
T2–T3. Im Zu- und Abstieg zum Gufelstock zum Teil steile Wegspuren, die bei Altschnee etwas heikel sein können.

Höhendifferenz
1200 m Auf- und Abstieg

Wanderzeit
6–7 Std.

Route
Vom Bärenboden auf gut bezeichnetem Wanderweg zuerst durch Bergheugebiet, dann zunehmend steinig und steil zur Rotärd (2214 m). Von dort mit gutem Aufwand/Genuss-Verhältnis Abstecher zum Schilt (2298 m). Zurück zur Rotärd und weiter auf dem Gratrücken zum Schwarzstöckli (2383 m). Abstieg zum Sattel zwischen Schwarzstöckli und Heustock (Punkt 2313). Vom Sattel weiter auf Wegspuren über den Heustock (2383 m) zum Gufelstock (2435 m). Steil absteigend via «Bei den Seelenen» nach Ober Fesis (1849 m). Dort rechts haltend zum Schafleger queren und dann hinunter nach Bärenboden/Aeugsten.

Variante
Vom Sattel zwischen Schwarzstöckli und Heustock (Punkt 2313) Abstieg via Heustockfurggel und Schafleger zum Bärenboden (T2 mit Stellen T3, insgesamt 1000 m Auf- und Abstieg, 5–6 Std.).

Ausgangs- und Endpunkt
Aeugsten (1446 m). Anreise mit der SBB über Ziegelbrücke nach Ennenda (Glarnerland Tourismus, Telefon 055 610 21 25, www.glarnerland.ch). Mit der Aeugstenbahn nach Bärenboden/Aeugsten, Betrieb auf Anmeldung (Auskünfte und Anmeldung über Telefon 055 640 81 53, www.aeugstenbahn.ch).

Unterkunft und Verpflegung unterwegs
Berggasthaus Aeugstenhütte (1500 m), gleich bei der Bergstation der Aeugstenbahn, Telefon 079 381 93 33, www.aeugstenhuette.ch

Hinweis
Weitere Informationen zum Geopark-Höhenweg unter www.geopark.ch oder bei Glarnerland Tourismus.

Karten
Landeskarte 1:25 000, 1154 Spitzmeilen
Wanderkarte 1:25 000, Mollis-Kerenzerberg, erhältlich bei Glarnerland Tourismus (Bahnhof Glarus)
Landeskarte 1:50 000, 237 T Walenstadt

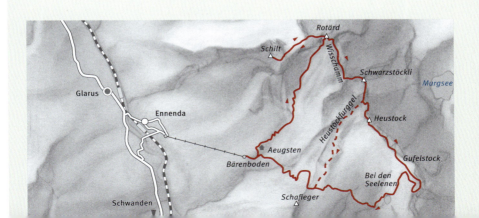

Von Braunwald über den Leuggelstock
nach Schwanden

Terrasse, bitte!

Es ist eindrücklich, die Attrappe der Tunnelbohrmaschine vom Gotthard-Basistunnel vor dem Verkehrshaus der Schweiz in Luzern zu bestaunen. Noch viel eindrücklicher müssen die Bohr- und Hobelmaschinen gewesen sein, die die Schweizer Tälerlandschaft ausmodelliert haben: das Werk der Gletscher, die zu den verschiedenen Eiszeiten ihr monumentales Werk errichteten – zum Beispiel auch im Glarnerland. Da war einmal der Hauptgletscher, der bis zu einer Höhe von 1600 Metern hinaufreichte. In diesen flossen die Nebengletscher, die beim Zurückschmelzen terrassenartige Landschaftsformen mit integrierten kleinen Seelein zurückliessen, die oft durch hohe Felsriegel vom Haupttal abgetrennt sind. Sehr schön lässt sich diese geologische Historie im Gelände zwischen Braunwald und dem Leuggelstock ablesen. Und noch schöner ist es, dieses Gelände zu durchwandern.

Der Weg schafft dabei eine Verbindung zwischen zwei Hochterrassen von unterschiedlichem Gepräge. Auf der einen Seite die mit einer Streusiedlung überbaute Sonnenterrasse von Braunwald, von der ein gut ausgebauter Wanderweg nordostwärts führt. Lange verläuft dieser in offenem Gelände, um dann plötzlich in ein steiles und feuchtes Waldstück einzudringen. Über Stock und Stein windet er sich um den Ostausläufer des Eggstocks herum und vermittelt einen Eindruck dessen, was das Glarnerland eben auch sein kann: wild und stotzig. Schliesslich erreicht er den Mittelstafel, wo ein feiner Älplerkaffee wartet.

Dann ist er plötzlich da: der Oberblegisee, einer der wenigen Bergseen, die sich auf einer weiteren Geländeterrasse in diesem kalkzerfressenen Gebiet haben einnisten können. Überschattet wird dieser See vom Glärnisch-Massiv. Gleich einer monumentalen Cremeschnitte, vorne im wuchtigen Spitz des Vorderglärnisch auslaufend, ragt dieser Bergriese steil und wuchtig über dem Klöntal und dem Tal der Linth gegen den Himmel. Allein von Schwanden aus liegen horizontal geschichtete Kalkbänke, immer wieder unterbrochen durch Schuttbänder, zweieinhalb Kilometer mächtig aufeinandergetürmt.

Man merkt: Auch der Anblick einer eindrücklichen Bergflucht kann so etwas wie ein Panorama-Feeling auslösen. Was nicht heisst, dass man auf dieser Wanderung nicht auch in die Weite und Tiefe sehen würde. Braunwald ist berühmt für den Blick zum Tödi, während der ganzen Wanderung geniesst man Weitblicke über das Kärpf-Gebiet hinweg bis zum Sardona-Gebiet, und auf dem Leuggelstock schliesslich stürzt der Blick unvermittelt 1200 Meter ab bis nach Schwanden.

Links: Die Route verläuft am Fuss des Glärnisch.

Rechts: In diesen Alpgebäuden auf Mittelstafel sind auch Schlafplätze eingerichtet.

Man setzt sich hin, geniesst die Ruhe und die Einsamkeit. Dann steigt man entweder hinab zur Brunnenberg-Seilbahn, die einen nach Luchsingen hinunterbringt, oder man hat Lust auf mehr, wandert weiter auf einer etwas tiefer gelegenen dritten Terrasse bis zur Alp Guppen Oberstafel und trödelt dann steil hinunter bis nach Schwanden. Zuerst lohnt sich aber nochmals ein Blick zurück. Denn bei der Alp Guppen beginnt der Guppengrat, eine klassische, schwierige Alpinwandertour direkt hinauf zum Vrenelisgärtli. Von unten scheint es, dass der Aufstieg unmöglich ist. Erst wenn man mittendrin steht, merkt man: Ja, es ist zwar extrem steil hier, aber man schafft es, hochzukraxeln.

Charakter
Lang gezogene Panoramawanderung auf festen Pfaden.

Schwierigkeit
T2

Höhendifferenz
550 m Aufstieg, 1250 m Abstieg

Wanderzeit
6–7 Std.

Route
Von Braunwald über Schwelltiberg/Rubschen nach Unterstafel (1468 m). Von dort zweigt der Wanderweg Richtung Mittelstafel und Oberblegisee auf. Unter dem Chnügrat hindurch hinunter zum Mittelstafel (1383 m), dann zuerst auf Alpstrasse, dann auf Wanderweg zum Oberblegisee (1420 m). Vom Oberblegisee Aufstieg über Oberblegi zum Leuggelstock (1726 m), das letzte Stück zum Gipfel weglos. Zurück zum Pass nordwestlich des Leuggelstocks, dann weiter zur Alp

Der Tödi im Morgenlicht, von Braunwald aus gesehen.

Guppen Oberstafel und von dort auf bezeichnetem Wanderweg in steilen Kehren hinunter nach Schwanden.

Variante
Vom Leuggelstock zurück zum Oberblegisee, dann Abstieg auf Alpstrasse nach Brunnenberg (T2, insgesamt 550 m Aufstieg, 850 m Abstieg, 4–5 Std.). Mit der Seilbahn von Brunnenberg nach Luchsingen hinunter, von dort Zug oder Bus (Betriebszeiten der Seilbahn Luchsingen–Brunnenberg: Telefon 058 611 80 80, www.braunwald.ch).

Ausgangspunkt
Braunwald (1256 m). Anreise mit der SBB via Ziegelbrücke bis Linthal Braunwaldbahn, mit der Standseilbahn nach Braunwald (Hotels, Pensionen, Informationen unter Telefon 055 653 65 65, www.braunwald.ch).

Endpunkt
Schwanden (521 m). Rückreise mit der SBB Richtung Ziegelbrücke.

Unterkunft und Verpflegung unterwegs
Verpflegungsmöglichkeit auf Alp Mittelstafel (Alp-Bergwirtschaft Bächialp, 1383 m).

Karten
Landeskarte 1:25 000, 1173 Linthal
Landeskarte 1:50 000, 246 Klausenpass

Auf dem Madone.

Tessin

Der lauschige Weiler Diganengo

Auf der Strada Alta Leventina von Sobrio bis Biasca

Obendrüber statt untendurch

Die Strada Alta Leventina ist einer der ältesten Höhenwege der Schweiz. Lange Zeit geriet sie etwas in Vergessenheit – zu Unrecht. Gerade für Panoramawanderer ist die Strada Alta heute noch Pflicht, selbst wenn die Route nicht ganz frei von Asphaltpassagen ist. Es muss ja nicht unbedingt im Hochsommer sein, wenn die Sonne unbarmherzig herniederbrennt. Vielmehr drängt sich eine Wanderung im Vorfrühling auf. Wenn im Norden die ersten Gräser spriessen, schlendert man in der Leventina schon zwischen blühenden Bäumen hindurch. Welch herrlicher Kontrast mit den noch in blendendes Weiss getauchten Bergketten auf der anderen Talseite! Diese begleiten einen, solange man möchte, denn die Länge der Etappe kann man mit der Wahl des Startortes selbst bestimmen. Ist es Campello, dann nimmt man auch noch den Einblick ins Bedretto mit. Weitere geeignete Startorte sind Anzonico oder Cavagnago.

Zwingend empfohlen ist jedoch das letzte Teilstück von Sobrio hinunter nach Biasca. Nur schon Sobrio ist eine Reise wert. Das Postauto hält in einem schmucken Tessinerdorf, das, abgesehen von seiner Panoramalage, mit einer weiteren Spezialität aufwarten kann: Es liegt nämlich exakt über der NEAT-Alpentransversale. Während einige Hundert Meter tief im Boden die Züge mit bis zu 250 Stundenkilometern durch den Berg pfeilen, blickt man hinunter in die Leventina, wo die Autos auf dem Weg zum Gotthardtunnel mit der Hälfte dieser Geschwindigkeit unterwegs sind. Man muss diese Dinge aber wahrnehmen wollen – denn nichts sonst deutet in Sobrio darauf hin, dass man hier auf einem Brennpunkt des alpenquerenden Personen- und Güterverkehrs sitzt. Zu lieblich ist es hier, zu still, zu friedlich.

Diese Eindrücke nimmt man mit, während man von Sobrio leicht absteigend Richtung Südosten zieht, durch Birken- und Kastanienwäldchen, vorbei am eng mit Rustici bestandenen Flecken Diganengo bis zum Aussichtshügel bei Corecco. Jetzt sieht man hinunter bis nach Bellinzona, und auf der Gegenseite erkennt man die Bergkette, deren Verlauf die alpine Haute Route der Via Alta della Verzasca folgt. Erst jetzt taucht die Strada Alta auf romantischen Pfaden definitiv ab und erreicht den Talboden ziemlich genau beim Südportal des Gotthard-Basistunnels. Dort schiessen die Züge aus der Tunnelröhre, die Passagiere reiben sich geblendet vom Tageslicht die Augen und versuchen, auch mit der Seele im Tessin anzukommen.

Charakter
Romantische Wanderung mit null Aufstiegshöhenmetern.

Schwierigkeit
T2. Bei Nässe können die Wege etwas rutschig sein.

Höhendifferenz
850 m Abstieg

Wanderzeit
2 Std.

Route
Von Sobrio führt ein gut ausgebauter und als Strada Alta Leventina speziell ausgeschilderter Wanderweg leicht absteigend südostwärts hinunter nach Diganengo (964 m), weiter zur Ferienhaussiedlung Corecco (794 m) und schliesslich in mehreren Kehren direkt hinunter nach Pollegio (301 m). Von dort in 15 Minuten nach Biasca.

Varianten
Weitere günstige Startorte für die Strada Alta Leventina sind Cavagnago (1020 m, T2, plus 1 Std, plus 100 m Auf- und Abstieg) oder Anzonico (984 m, T2, plus 2 Std, plus 200 m Auf- und Abstieg). Beide Orte sind mit dem Postauto ab Faido via Lavorgo erreichbar.

Von Pollegio führen aussichtsreiche Steintreppen hinauf nach Corecco.

Noch etwas fordernder wird die Tour, wenn man von Faido direkt mit dem Postauto nach Campello (1360 m) fährt und von dort startet. Man folgt ebenfalls immer der Strada Alta Leventina (T2, 700 m Aufstieg und satte 1750 m Abstieg, insgesamt 6 Std.).

Ausgangspunkt
Sobrio (1128 m). Anreise mit der SBB bis Faido, mit dem Postauto via Lavorgo (umsteigen) nach Sobrio (Übernachtungsmöglichkeit im Gästehaus, Telefon 079 299 56 78, www.norma-sobrio.ch).

Endpunkt
Biasca (303 m). Rückreise mit der SBB.

Unterkunft und Verpflegung unterwegs
Osteria in Anzonico, Telefon 091 865 12 20, www.osteriaanzonico.ch
Agriturismo in Cavagnago, Telefon 091 864 21 77, www.bertazzi.ch

Hinweis
Zum gesamten Gotthard Tunnel Trail von Erstfeld bis Biasca: www.gotthard-tunnel-trail.ch

Karten
Landeskarte 1:25 000, 1252 Ambri Piotta, 1253 Olivone, 1273 Biasca
Landeskarte 1:50 000, 266 Valle Leventina

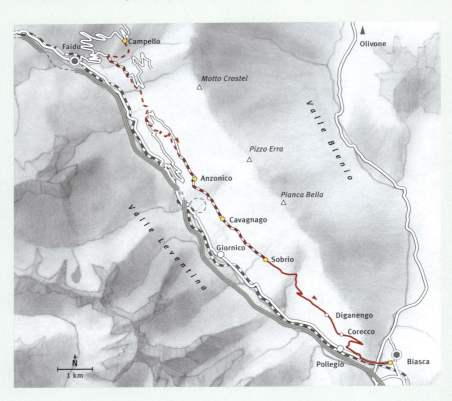

Auf der Via Alta Vallemaggia von Cimetta nach Gordevio

Tour der Täler

Wer kennt sie nicht, die Täler der Maggia und der Verzasca im Tessin? Tief sind sie in den Granit eingeschnitten und bergen neben den stahlblauen Gebirgsflüssen der Maggia und der Verzasca manches interessante Kulturerbe. Zwischen diesen beiden Tälern erhebt sich eine Bergkette, die sich von der Sesselbahn-Bergstation Cimetta oberhalb Locarnos bis nach Fusio hinzieht. Entlang dieser Krete kann man während sechs Tagen eine Grat- und Hüttentour der Superklasse geniessen. Sie heisst Via Alta Vallemaggia und ist die etwas sanftere Alternative zur hochalpinen Via Alta della Verzasca einen Gebirgszug weiter östlich.

Für dieses Buch nehme ich Sie mit auf eine Schnuppertour entlang der Via Alta Vallemaggia. Dabei starten wir bei der Cimetta. Ideal ist es, schon dort zu übernachten, dann kann man richtig früh losziehen und muss nicht den Betriebsstart der Sesselbahn abwarten, die zur Cimetta hinaufführt. Es darf auch noch etwas dunkel sein, denn den Weg auf die Cima della Trosa, den ersten Gipfelpunkt der Gratreise, kann man kaum verfehlen. Warum nicht dort den Sonnenaufgang geniessen und im kalten und klaren Morgenlicht ein Bad nehmen? Auch der Weiterweg zum Madone ist klar vorgespurt. Ein bisschen steil ist der Abstieg zwar und auch rutschig, aber an sich gutmütig.

Abstieg in die Niederungen von Maggia.

Schönster Tessiner Granit säumt den Weg im Abstieg von der Alpe Nimi.

Spätestens auf dem Madone drängt sich eine erste Pause auf. Denn obwohl die Distanz auf der Karte gar nicht so weit aussieht – das Auf und Ab braucht seine Zeit. Der Madone ist auch ein guter Ort, um innezuhalten und die Rundsicht einzuordnen, die sich auf dem gesamten Weg hierhin immer wieder präsentiert. Von keinem anderen Berg sieht man so schön hinein ins Centovalli, ins Valle Onsernone und ins Valle di Vergeletto wie vom Madone. Weit unten liegt das Maggiatal in seiner ganzen Länge vor einem, meist verborgen unter einer morgendlichen Dunstschicht. Auf der östlichen Seite glitzert der Verzasca-Stausee, flankiert vom mächtigen Pizzo di Vogorno. Dann stürzt der Blick – obwohl man sich hier nur etwas über 2000 Meter über Meer befindet – 1800 Meter hinunter in die Magadinoebene, und an besonders klaren Tagen entschwindet die Sicht erst in der Dunstglocke von Mailand. Für die Details zuständig kann dann die «Peakfinder»-App sein.

Zwischen dem Madone und dem Pizzo di Corbella verläuft der Weg etwas unterhalb des Grats. Den Aufstieg auf den Pizzo di Corbella sollte man sich jedoch nicht entgehen lassen. Es winkt der Adlerhorst Nummer 3 und damit ein weiterer Ruhepunkt, um zu entdecken, was man bisher nicht gesehen hat. Dazu gehört das Verzascatal bis an dessen Ende bei Frasco. Nun heisst es Abschied nehmen von der Aussichtsherrlichkeit, und es folgt, was im Tessin unvermeidlich ist: ein langer, steiler Abstieg von der Bocchetta d'Orgnana über 1500 Höhenmeter bis hinunter nach Gordevio.

Wer dieses Schicksal noch etwas hinauszögern will, investiert zwei Tage, steigt wieder auf zum Pizzo d'Orgnana, geniesst nochmals die Rundsicht, findet sich nochmals auf einem Grat und steigt dann ab zur Alpe Nimi, wo ein einfaches Nachtlager wartet. Am nächsten Tag erst folgt dann der wildromantische Abstieg nach Maggia. Ausser man hat noch mehr Zeit, bleibt oben und wandert weiter, über die sieben Berge und Täler bis nach Fusio.

Charakter
Genussvolle Weitwanderung auf allen sieben Graten über alle sieben Berge, aber mit einem knochenharten Abstieg.

Schwierigkeit
Entlang der markierten Route T3

Höhendifferenz
700 m Aufstieg, 2000 m (!) Abstieg

Wanderzeit
7–9 Std.

Route
Von der Cimetta auf gut ausgetretenem Weg hinauf zur Cima della Trosa (1869 m). Relativ steiler Abstieg auf bei Nässe schmierigen Wegspuren hinunter zur Senke bei P. 1657. Gegenaufstieg zum Madone (2039 m). Leichter Abstieg den Grat entlang, dann (freiwillig) kurzer Gegenanstieg zum Pizzo di Corbella (2066 m). Abstieg zuerst zur Bocchetta d'Orgnana (1951 m), von dort via Alpe Pizzit (1713 m) steil hinunter nach Gordevio.

Variante
Von der Bocchetta d'Orgnana auf dem Alpinwanderweg über den Pizzo d'Orgnana (2219 m). Auf dem Grat bis zum Passo di Nimi (2048 m), Abstieg zur Alpe Nimi. Von dort auf dem Alpweg via Airolo romantisch, aber kräftezehrend hinunter nach Maggia (T3, Cimetta bis Alpe Nimi 1100 m Aufstieg, 1000 m Abstieg, 6–7 Std., Alpe Nimi bis Maggia 1400 m Abstieg, 3 Std.).

Ausgangspunkt
Capanna Cimetta (1647 m). Anreise mit der SBB bis Locarno, mit der Standseilbahn nach Cardada, mit dem Sessellift zur Cimetta. Herberge mit 52 Betten, Telefon 091 743 04 33 oder 079 664 54 25.www.capannacimetta.com

Endpunkt
Gordevio (334 m). Rückreise mit dem Postauto nach Locarno (SBB-Anschluss).

Unterkunft und Verpflegung unterwegs
Alpe Nimi (1718 m), bewartet von Juni bis September, ca. 20 Schlafplätze in einem eher engen Schlafraum, Telefon 079 230 48 79

Karten
Landeskarte 1:25 000, 1292 Maggia, 1312 Locarno
Landeskarte 1:33 333, 3308 T Locarno
Landeskarte 1:50 000, 276 Val Verzasca

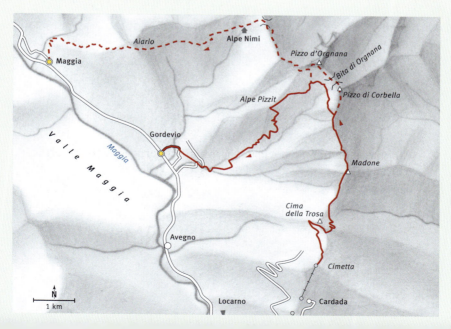

 Von Rasa über den Pizzo Leone nach Arcegno

Vista Maggiore

Es gibt gewisse Strecken im Tessin, die mit dem Inbegriff der Panoramawanderung gleichgesetzt werden. Eine davon führt von Ascona am geschichtsträchtigen Monte Verità vorbei nach Ronco. Das ist ein Spaziergang, und er ist wirklich schön. Diese Schönheit hat einen Namen: Lago Maggiore. Ein See, von dem Entspannung und Ruhe ausgeht, wenn man ihn betrachtet. Gesucht ist deshalb eine Panoramawanderung, die diesen «Maggiore-Blick» möglichst intensiv kultiviert, in einem Tag machbar und nicht zu schwierig ist.

Das Resultat dieser Eingrenzung ist eine Tour, die dort beginnt, wo andere ihr Ferienziel sehen: in Rasa. Der ursprüngliche Flecken hockt auf einer kleinen, aber feinen Geländeterrasse hoch über dem Centovalli, ein sympathisch geführtes Bildungshaus nimmt auch Tagesgäste auf, die hier erst mal ankommen und durchatmen wollen. Für einmal soll nicht die Leistung im Vordergrund stehen, sondern das Rascheln der Kastanienblätter unter den Wanderschuhen, der Kontrast von knallroten Vogelbeeren mit dem Kobaltblau des Himmels und dem Ocker der ausgetrockneten Erde, der Duft nach sonnenbeheizten Ästen.

Da darf man nicht durchhasten, dafür muss man sich Zeit lassen, während man langsam durch Kastanien- und Buchenbestände hinauffindet zur Senke von Canva zwischen dem Pizzo Ometto und dem Pizzo Leone. Natürlich könnte man jetzt über den Pizzo Ometto steigen und weiter den Grat entlang zum Gridone gelangen. Das ist zwar schön, aber schwierig – sehr schwierig. Ein sattes T6 muss man rechnen für die «Cresta delle Lenzuole» genannte Überschreitung. Also lassen wir das und wenden uns dem Pizzo Leone zu. Da ist man im Nu oben und findet beides: das Tessin der schroffen Berge und das Tessin der grossen Seen. Der Lago Maggiore verliert sich im Dunst, der von Mailand hinaufzieht, der Monte Gambarogno und der Monte Tamaro grüssen von der anderen Seeseite, und gut erkennbar wird nun das riesige Flussdelta, auf dem halb Ascona gebaut ist. Auf der anderen Seite wird es schwieriger, den vielen Spitzen Namen zu geben. Schon mal etwas vom Pianascio gehört? Oder von der Pescia Lunga? Sie sind weit weniger als 2000 Meter hoch, und doch hat noch kaum jemand auf ihren Gipfeln gestanden.

Links: «Che vista!» auf dem Monte Leone.

Rechts: Rasa ist ein Ort der Ruhe und Einkehr.

Eindrücklich: Ascona ist fast ganz auf dem Delta der Maggia erbaut.

Da ist er also, der «Maggiore-Blick». Und da wird er von nun an eine ganze Weile bleiben, während man absteigt zur Alpe di Naccio und dann kilometerlang den breiten Geländerücken entlangschlendert. Immer wieder wird man stehen bleiben, das Delta von Ascona mit seinen Reisfeldern bewundern, auf die Isole di Brissago hinunterblicken und das weite Blau des Lago Maggiore in sich aufnehmen. Wenn man viel Glück hat, entdeckt man vielleicht am Wegrand eine Viper, die sich sonnt. Keine Angst – sie wird sich verziehen, wenn man sie nicht angreift. Erst an der Corona di Pinz taucht man wieder in lichten Wald ein und lässt sich von seinem Schatten steil hinunter nach Arcegno leiten.

Charakter
Stimmungsvolle Bergwanderung.

Schwierigkeit
T2. Aufstieg zum Pizzo Leone teilweise rutschig (Laub).

Höhendifferenz
800 m Aufstieg, 1300 m Abstieg

Selten gesehen: Eine Viper am Wegrand.

Wanderzeit
5 Std.

Route
Von Rasa auf gut bezeichneten Wanderwegen über Termine (997 m) und die Senke bei Canva (1570 m) zum Pizzo Leone (1659 m) – Achtung: Wegweisung beachten, nicht den Direktweg nach Alpe di Naccio nehmen! Vom Pizzo Leone die Krete entlang abwärts zur Alpe di Naccio (1395 m). Weiter leicht absteigend nordostwärts zur Corona di Pinz (1294 m). Nun fällt der Weg zunehmend steil ab bis nach Arcegno (Wegweisung beachten).

Ausgangspunkt
Rasa (898 m). Anreise mit der SBB nach Locarno, mit der Centovallibahn bis Verdasio, mit der Luftseilbahn nach Rasa (Berghotel und Bildungshaus Camporasa, Voranmeldung empfohlen, Telefon 091 800 11 22, www.camporasa.ch).

Endpunkt
Arcegno (387 m). Rückreise mit dem Postauto nach Locarno (SBB-Anschluss).

Unterkunft und Verpflegung unterwegs
Keine

Karten
Landeskarte 1:25 000, 1312 Locarno
Landeskarte 1:50 000, 276 Val Verzasca

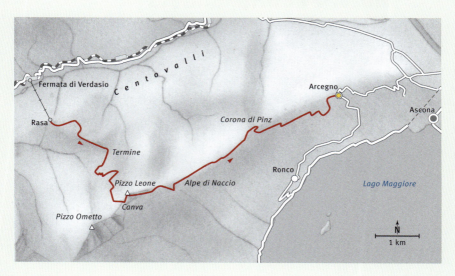

Vom Monte Tamaro über den Monte Gambarogno nach Indemini

Tamaro einmal anders

Natürlich, werden Sie sagen: Die grosse Panoramawanderung vom Monte Tamaro zum Monte Lema, die muss zwingend in dieses Buch. Muss sie nicht. Sicher, sie ist ausserordentlich schön, und man kann sie sogar von Zürich aus als Tagesausflug unternehmen. Aber da gibt es noch eine andere Idee. Obwohl die Tour zu Beginn dieselbe ist: Sie beginnt mit einem architektonischen Paukenschlag. Knapp unterhalb der Bergstation der Seilbahn, die von Rivera hinaufführt zur Alpe Foppa, thront die Kirche «Santa Maria degli Angeli». Ein Viadukt, das 65 Meter aus dem Berg ragt und in einem mächtigen zylindrischen Kirchenraum seinen Abschluss findet. Ein Monument in Beton und Stein, entworfen vom Stararchitekten Mario Botta. Von oben einer Sprungschanze ähnelnd, von unten einem wuchtigen Schiffsbug. Drinnen im Andachtsraum wenig Schnörkel, dafür viel Raum für Besinnung. Und vorn auf die Wand gemalt zwei darbietende Hände auf blauem Grund, der sich himmelwärts in Weiss und erdwärts in Schwarz auflöst.

Kein Wanderer wird es versäumen, dieser besonderen Bergkapelle seine Reverenz zu erweisen, und mag der Weg noch so weit sein, den er sich anschliessend vorgenommen hat. Dieser führt zuerst mal hinauf zum Gipfel des Monte Tamaro mit seiner grandiosen Rundsicht. An ganz klaren Tagen sieht man von hier im Norden sogar das Rheinwaldhorn und das Monte-Rosa-Massiv, und im Süden meint man, die Turmspitze des Mailänder Doms zu erkennen. Dann aber trennen sich die Wege. Schulklassenweise strömen die Lema-Wanderer südwärts, während wir uns nach Westen wenden. Das Panorama bleibt, aber die Optik wechselt. Plötzlich ist das Valle Veddasca im Fokus, das von Maccagno heraufzieht, an Indemini vorbei bis zur Alpe di Neggia. Dort ist Rastpunkt – die Menükarte des Passrestaurants erübrigt das Mitführen von viel Proviant während dieser Tour.

Dann geht es wieder bergauf, wiederum mit demselben Panorama, wiederum mit veränderter Optik. Oben auf dem Monte Gambarogno sind es vor allem der Lago Maggiore und das Delta von Ascona, die den Betrachter in ihren Bann ziehen. Unglaublich, wie viel Schutt ein einziger Fluss abzulagern imstande ist, wenn man ihm nur ein paar Tausend Jahre Zeit dafür lässt! Wieder führt uns der Weg hinunter, wie von einer Himmelsleiter, bis wir zu einer Lichtung gelangen, die in den jungen Buchenwald gerodet ist. Dort treffen wir auf die Alpe Cedullo: ein länglicher Stall, aus rohen Steinplatten gebaut, eine kleine Hütte mit einem ebenso kleinen Nebenbau. Und eine Veranda mit einigen Bänken. Die Karte verspricht Aufschnittplatten, frische Spiegeleier und jeden Sonntag Polenta vom Feuer.

Links: Blick vom Monte Tamaro zurück zum Motto Rotondo.

Rechts: Die berühmte Kirche Santa Maria degli Angeli von Mario Botta.

In der Kleinkäserei im Nebengebäude werden sechs verschiedene Käse produziert, von Frischkäse über Formagella und Ziger bis zu Grauvieh-Alpkäse. Käse, der sich wie die Wurst- und Fleischwaren direkt oder in den regionalen Spezialgeschäften gut verkauft. Und man entdeckt, dass die Alp sogar über ein kleines, sauberes Massenlager verfügt.

Man kann also entweder weitergehen, vorbei an der St.-Anna-Kapelle und an einigen Kletterfelsen zum Grenzort Indemini. Man kann aber auf der Alpe Cedullo auch verweilen und am anderen Tag weiterwandern, über den Monte Paglione – an dessen Grasflanken sich weisse Alpenrosen finden lassen und dessen Gipfel nochmals eine interessante Rundsicht zulässt – hinunter an die Gestade des Lago Maggiore.

Charakter
Ein höchst spannendes und unterhaltsames Auf und Ab zwischen dem Monte Ceneri und der Schweizer Grenze.

Schwierigkeit
T2–T3. Teils sind die Wege schmal, rutschig und etwas steil, aber nie exponiert.

Höhendifferenz
900 m Aufstieg, 1700 m Abstieg

Wanderzeit
7–8 Std.

Route
Von der Alpe Foppa auf gut ausgetretenen Wegen vorbei am Motto Rotondo (1928 m) und hinauf

Der Blick hinab zum Maggiadelta begleitet einen während des Abstiegs vom Monte Gambarogno.

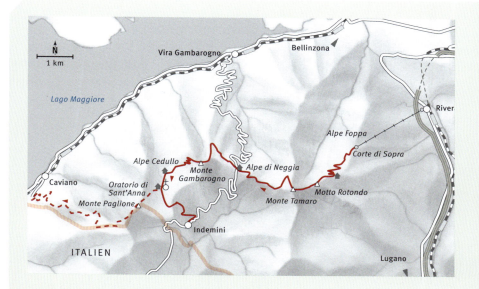

zum Monte Tamaro (1962 m). Vom Monte Tamaro in nordwestlicher Richtung hinunter zur Alpe di Neggia (1395 m). Von dort auf Wegspuren nordwestwärts direkt zum Gipfel des Monte Gambarogno (1734 m). Zuerst auf Wegspuren, dann auf schmalem Wanderweg südwestwärts hinunter zur Alpe Cedullo (1287 m). Nun auf gut bezeichnetem, gemütlichem Wanderweg südwärts an der St.-Anna-Kapelle (1342 m) vorbei und unter den Sassi Gialli hindurch nach Indemini. Abkürzungsmöglichkeit: Von der Alpe di Neggia mit dem Postauto nach Magadino und weiter nach Cadenazzo (SBB-Anschluss).

Variante
Von der St.-Anna-Kapelle im Wald steil hinauf zu einem breiten Gratrücken, der aussichtsreich zum Monte Paglione (1554 m) führt. Abstieg entlang der Schweizer Grenze nach Caviano (T2, ab Alpe Cedullo 350 m Aufstieg, 1400 m Abstieg, 5 Std.). Rückreise mit dem Postauto nach Ranzo und weiter nach Cadenazzo (SBB-Anschluss).

Ausgangspunkt
Alpe Foppa (1530 m), Bergstation der Seilbahn Rivera–Monte Tamaro. Anreise mit der SBB über Bellinzona nach Rivera-Bironico, Seilbahnstation 500 Meter ab Bahnhof. Seilbahn in Betrieb von Mai bis November, 8.30–17 Uhr. Auf Alpe Foppa Restaurant mit Massenlager (64 Plätze, Telefon 091 946 23 03, www.montetamaro.ch).

Endpunkt
Indemini (979 m). Rückreise mit dem Postauto nach Magadino und weiter nach Cadenazzo (SBB-Anschluss).

Unterkunft und Verpflegung unterwegs
Capanna Tamaro UTOE (1867 m), 53 Schlafplätze, geöffnet und bewartet von Juni bis September, erreichbar von Alpe Foppa in Richtung Monte Tamaro (1 Std.), Reservationen über Telefon 091 946 10 08
Ritrovo di Neggia (1395 m), Restaurant mit Übernachtungsmöglichkeit, 28 Betten, Telefon 091 795 19 97
Alpe Cedullo (1287 m), Osteria mit Übernachtungsmöglichkeit, 9 Betten, Telefon 091 794 13 83 oder 079 327 81 75

Karten
Landeskarte 1:25 000, 1352 Luino, 1353 Lugano
Landeskarte 1:50 000, 286 Malcantone

Von Bogno über den Gazzirola und den Monte Bar nach Albumo

Über den Wipfeln

Das Tessin ist geografisch unterteilt in den Sopraceneri und den Sottoceneri. Sopraceneri bedeutet Locarno und Lago Maggiore, während Lugano und der Lago di Lugano das Zentrum des Sottoceneri bilden. Wenn es einen Berg gibt, der sowohl dem Sopra- wie auch dem Sottoceneri zugeordnet werden kann, dann ist das der Gazzirola. Wer auf seinem Gipfel steht, sieht beide Seen, den Lago Maggiore wie den Lago di Lugano. Man sieht aber noch mehr: zum Beispiel den Comersee auf der italienischen Seite, denn der Gazzirola ist ein Grenzberg. Die Bergamasker Alpen, das Veltlin sogar. Dann, im Süden, Lugano und vielleicht sogar Varese. Gegen Westen hin über das Centovalli und das Valle Antigorio hinweg bei guter Sicht die Walliser Eisriesen. Im Norden schliesslich die Leventina und markant im Hintergrund das Rheinwaldhorn.

Man hat also auf diesem Berg eine umfassende Aussicht zu verdauen. Zum Glück wird man gut darauf vorbereitet. Denn von welcher Seite man den Gazzirola auch besteigt, alle Wege führen über lang gezogene

Panoramagrate. Kein Baum, kein Strauch versperrt die Aussicht, die ganze Gegend erscheint mönchisch kahlgeschoren. Einzig im Frühsommer, da spriessen da und dort blütenweisse Bergnarzissen. Es lohnt sich, an ihnen zu schnuppern: Ihr Duft ist von einzigartiger Intensität.

So lang gezogen wie die Grate ist auch die Wanderung über den Gazzirola. Wir lassen sie unten in Bogno beginnen, einem der zehn sehenswerten Dörfer am Südhang des Val Colla. Von dort führt sie steil und stracks durch den Vegetationsgürtel zum Südgrat des Gazzirola. Knapp unterhalb passiert man die Capanna Alpe Cottino, einen Alpwirtschaftsbetrieb mit 130 Hektaren Weidefläche und 80 Milchkühen. Am Pass ziert ein Ensemble aus der ehemaligen Kaserne der Zollbehörde (heute ein einladendes Rifugio), einer historischen Kirche und der Schweizer Capanna San Lucio den Übergang des alten Schmugglerpfades.

Es ist eine gute Idee, am Nachmittag anzureisen und in der Capanna Alpe Cottino zu schlafen, oder oben am Grat in der Capanna San Lucio. Die Wanderung ist auch so noch lang genug. Denn was nun folgt, ist eine Panorama-Gratwanderung von gut acht Kilometer Länge mit 600 Aufstiegs- und 300 Abstiegshöhenmetern. Das ist – für Schweizer Verhältnisse – rekordverdächtig. Die Tief- und Weitblicke ändern sich nicht markant, und doch gewöhnt man sich nicht daran. Immer wieder entdeckt man etwas Neues, ein Tal, eine Spitze, ein Dorf. Am besten verstaut man die Landeskarte gar nicht erst, sondern hält sie allzeit bereit.

Grat-Endpunkt für Tages-Panoramawanderer ist der Monte Bar. Um die Unternehmung nicht allzu sehr in die Länge zu ziehen, heisst es hier, Abschied zu nehmen von der Gratherrlichkeit und abzutauchen – an der Capanna Monte Bar vorbei nach Albumo. Ausser man hat die Zeit, um sich in der Capanna Monte Bar verwöhnen zu lassen und einen prächtigen Sonnenuntergang zu geniessen. Dann darf die Wanderung am nächsten Tag auch weitergehen – über den Caval Drossa nach Gola di Lago und von dort weiter in die Richtung, in die einen das Herz trägt.

Links: Auf dem Passo di San Lucio.

Rechts: Die alte Kapelle bei San Lucio.

Charakter
Eine faszinierende Grenzwanderung zwischen der Schweiz und Italien mit einer unvergleichlichen Rundsicht.

Schwierigkeit
T2. Gut begehbare Wanderwege, teils recht steil. Von der Länge her ein ausgefüllter Tag.

Höhendifferenz
1200 m Aufstieg, 1150 m Abstieg

Wanderzeit
7–8 Std.

Route
Von Bogno direkt ostwärts hinauf via Capanna Alpe Cottino zum Passo San Lucio (1542 m). Aufstieg auf dem Südgrat zum Gazzirola (2116 m). Auf dem Westgrat hinunter zur Cima Moncucco (1725 m), dann leichter Gegenanstieg auf den Monte Bar (1816 m). Abstieg über den steilen Südgrat zur Capanna Monte Bar (1600 m). Auf dem Hüttenweg weiter über die Südrippe via Alpe Musgatina (1390 m) nach Albumo.

Ausgangspunkt
Bogno (961 m). Anreise mit der SBB bis Lugano, dann mit dem Postauto nach Tesserete, dort umsteigen ins Postauto Richtung Maglio di Colla, Haltestelle Bogno, Cappella di Bogno.

Endpunkt
Albumo (1003 m), Haltestelle Corticiasca, Paese. Rückreise mit dem Postauto nach Tesserete und weiter nach Lugano (SBB-Anschluss).

Unterkunft und Verpflegung unterwegs
Agriturismo Alpe Cottino (1441 m), Alpwirtschaftsbetrieb mit Übernachtungsmöglichkeit, Telefon 071 660 10 70. Capanna San Lucio (1542 m), ab Juni durchgehend bewartet, Telefon 079 886 73 30, www.capannasanlucio.ch Capanna Monte Bar SAC (1600 m), bewartet von Anfang Juni bis Ende Oktober, Telefon 091 966 33 22, www.capannamontebar.ch

Karten
Landeskarte 1:25 000, 1333 Tesserete, 1334 Porlezza
Landeskarte 1:50 000, 286 Malcantone, 287 Menaggio

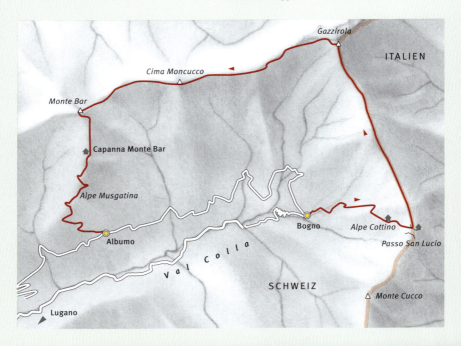

Links: Blick von der Hügelkuppe des Monte Bar ins Sottoceneri und nach Lugano.

Unten: Auf dem Weg zum Monte Bar.

Blick vom Rophaien ins Urnerland.

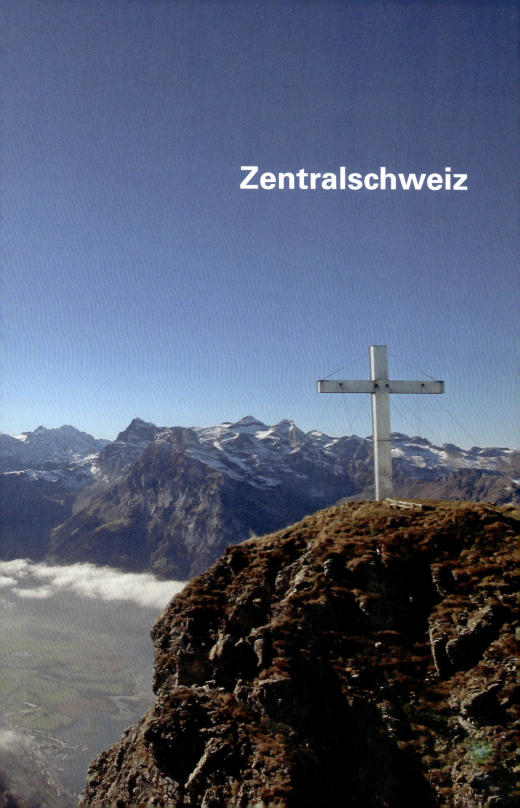

Zentralschweiz

Rundwanderung zu Gersauerstock/Vitznauerstock ab Hinterbergen

Rigi alpin

Wer für die Rigi eine Panoramawanderung aussuchen muss, hat ein Problem. Denn an diesem Berg gibt es praktisch nur Panoramarouten. Die bekanntesten verlaufen von Rigi Kulm via Rigi Kaltbad zur Rigi Scheidegg, und sie sind so bekannt, dass sie in diesem Buch nicht vorgestellt zu werden brauchen. Wir verlegen uns deshalb auf einen Geheimtipp: den Gersauerstock/Vitznauerstock, den südlichen Fortsatz des Rigi-Massivs. Wobei die Bezeichnung «Fortsatz» etwas zu kurz gegriffen ist. Denn geologisch gesehen sind der Gersauerstock/Vitznauerstock sowie die Rigi Hochflue die Gipfel der Rigi, die den Alpen zugeordnet werden können. Sie bestehen aus Alpenkalk, im Gegensatz zu den Molasse-Erhebungen von Rigi Scheidegg und Rigi Kulm. Das hat auch Folgen für die Erreichbarkeit, denn hier geht es steil und scharfkantig zu und her. Teilweise helfen zwar Sicherungsseile und eine Metallleiter über die exponiertesten Stellen hinweg, trotzdem braucht es Trittsicherheit, um heil oben an- und auch wieder hinunterzukommen.

Rechts: Vitznauerstock von Norden gesehen.

Links: Immer im Visier: Der Vierwaldstättersee, hier mit Bürgenstock und Pilatus im Hintergrund.

Interessant ist die Begehung vor allem im Frühsommer. Zum Beispiel – für Rundwanderer – ab Hinterbergen ob Vitznau. Oder – für echte Panoramagänger – vom Aussichtspunkt Rigi Scheidegg her. Dann leuchtet auf den Magerwiesen oberhalb Fälmis das Knabenkraut, und im Wald unterhalb des Gipfels riecht es dezent nach Knoblauch. Kein Wunder, ist der Boden doch vollständig von Bärlauch bedeckt. Liebhaberinnen und Liebhaber dieser sehr gesunden und in gekochter Form ganz ohne unangenehme Geruchseffekte geniessbaren Pflanze werden also einen Plastiksack dabeihaben und hier erntend verweilen. Das ist zeitlich kein Problem, weil die Gipfeltour an sich ja nicht sehr weit ist.

Auf den zwei direkt nebeneinanderliegenden Gipfeln hat man fast das gesamte Becken des Vierwaldstättersees zu Füssen. Dazwischen liegen zwei Kilometer Horizontale und rund 1000 Meter Vertikale. Man fühlt sich wie auf einer überdimensionierten Felsklippe, auf der die Warntafel «Springen verboten» steht. Dieser Tiefblick begleitet auch den Abstieg zur Wissifluh. Hier steht, angebaut an eine Panoramaterrasse, ein interessantes Öko-Hotel mit Wollschweinspezialitäten. Nun kann man mit der hoteleigenen Seilbahn zum Ausgangspunkt zurückkehren. Geologisch Interessierte werden aber den Abstieg unter die Füsse nehmen und bei der Kapelle St. Antoni das nahe gelegene Bachbett besichtigen. Dort kann man den abrupten Übergang vom Kalk über eine dünne Flyschschicht zur Nagelfluhmolasse auf engstem Raum erkennen und so mit einem Schritt von den Alpen zum Mittelland wechseln.

Charakter
Kurz, knackig und vor allem aussichtsreich.

Schwierigkeit
T3, im oberen Teil exponiert (Seilsicherungen/Metallleiter)

Höhendifferenz
400 m Aufstieg, 500 m Abstieg

Wanderzeit
3 Std.

Route
Von der Bergstation Hinterbergen auf einem Wanderweg zur Fälmisegg (1176 m). Von dort führt der Bergwanderweg direkt den Nordgrat entlang zum Gersauerstock/Vitznauerstock (1450 m). Der Gipfel ist zweigeteilt: Es gibt einen östlichen und – mit dem Kreuz – einen westlich ausgerichteten Aussichtspunkt. Von diesem zieht der Weg über den Südwestgrat wiederum steil nach unten – auf halbem Weg kleine Höhle mit Feuerstelle – bis Oberurmi (1154 m). Von dort auf dem Bergwanderweg zum Hotel Wissifluh und zur Bergstation der Seilbahn Wissifluh–Vitznau. Diese wird vom Hotel aus bedient.

Varianten
Abstieg von Wissifluh nach Vitznau (plus 500 m Abstieg, 1¼ Std.).
Zugang zur Fälmisegg via Rigi Scheidegg, Rigi Burggeist (plus 550 m Abstieg, 1¼ Std.).

Ausgangspunkt
Hinterbergen (1060 m). Anreise mit dem Bus oder Schiff nach Vitznau, von dort in 15 Minuten hinauf zur Talstation der Seilbahn Hinterbergen (Geldautomat).

Endpunkt
Wissifluh (946 m). Mit der Seilbahn nach Vitznau, Rückreise mit dem Bus oder Schiff.

Unterkunft und Verpflegung unterwegs
Restaurant Hinterbergen (1116 m), im Sommer geöffnet von Freitag bis Dienstag, Telefon 041 397 16 87, www.hinterbergen.ch
Berggasthaus Rigi Burggeist (1551 m), Dienstag Ruhetag, Telefon 041 828 16 86, www.rigi-burggeist.ch
Hotel Wissifluh (945 m), mehr oder weniger ganzjährig offen, telefonische Anmeldung erforderlich Telefon 041 397 13 27, www.wissifluh.ch

Karten
Landeskarte 1:25 000, 1151 Rigi
Landeskarte 1:50 000, 235 Rotkreuz

Rechts: Tiefblick hinunter nach Gersau.

Links: Leiter auf dem Weg zum Vitznauer- und Gersauerstock.

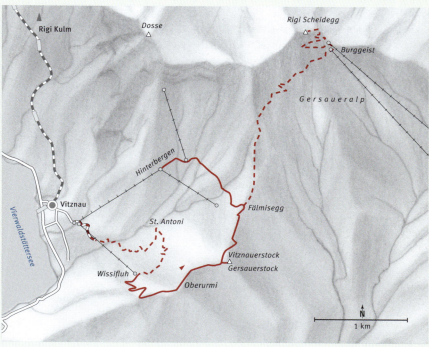

 Vom Niderbauen Chulm zur Stockhütte

Flieg, Adler, flieg!

Wo Adler zu Hause sind, sollte das Gelände auch für Panoramawanderer interessant sein. In der Gegend zwischen dem Niderbauen Chulm und der Stockhütte sind tatsächlich schon Adler gesichtet worden. Gemeint sind nicht die Gleitschirmflieger, die an schönen Tagen bei der Bergstation der Seilbahn Emmetten–Niderbauen zu Hunderten abheben, gemeint sind die echten Adler.

Wer sie zu Gesicht bekommen will, kann gern bei dieser Bergstation starten. Fitte Bergwanderer werden es sich dabei nicht entgehen lassen, zuerst den Niderbauen zu besteigen. Es fehlen nur 350 Höhenmeter bis zum Gipfel, der mit seinen 1923 Metern ja auch nicht sehr hoch ist. Aber meist sind es eben die mittelhohen Gipfel, die fürs Panorama-Auge mehr bieten als die ganz hohen Berge, von denen man zwar die Übersicht hat, aber dafür keine Einblicke. Auf dem Niderbauen Chulm fühlt man sich indes wie auf einem Adlerhorst. Fast in seiner gesamten Ausdehnung liegt einem der

Vierwaldstättersee zu Füssen, einzig der Alpnachersee und der Zipfel der Horwer Bucht sind von hier aus nicht sichtbar. Der Blick in die Urner Alpen und zugleich ins Mittelland macht aus dem Niderbauen Chulm endgültig einen Panoramaklassiker.

Toppen kann man diese Aussicht in der Folge nicht, aber wenigstens teilweise beibehalten, wenn man sich nachher auf den Weg macht in Richtung Stockhütte. Dieser Weg ist als Wildbeobachtungspfad ausgeschildert, mit vielen Informationstafeln und einer ausführlichen Begleitbroschüre. Ob man die Tiere dann auch wirklich sieht, ist natürlich Glückssache. Trotzdem lohnt es sich, einen Feldstecher mitzunehmen. Denn spätestens bei der Twäregg sieht man sie, die zerklüftete Felswand, die vom Choltal emporragt. Vielleicht ist dort eine Adlerfamilie zu Gast, vielleicht ...

Adler und Wildtiere hin oder her – real bleibt der Panoramacharakter dieser Wanderung. Erfahrene Bergwanderer haben sogar die Möglichkeit, diesen Panoramacharakter noch zu steigern. Dafür gewinnt man den Zingelgrat, der den Oberbauenstock mit dem Schwalmis verbindet. Es ist ein steiler Felspfad, der da hinaufführt, und wenn die Runsen noch mit Altschnee gefüllt sind, ist besondere Vorsicht geboten. Der Zingelgrat selbst ist dann etwas vom Feinsten, was Gratwandern zu bieten hat: ein guter Kilometer wie auf Messers Schneide, mit einem Weg, der teilweise gerade genügend Platz bietet, um zwei Füsse nebeneinander hinzustellen. Nichts für schwache Nerven, dafür ein Hochgenuss für trittsichere Berggänger, die sich gern von schwindelerregenden Tiefblicken den Adrenalinspiegel in die Höhe treiben lassen. Aber wie gesagt: Das ist mehr als ein

Links: Der Niderbauen Chulm, von der Station Niederbauen aus gesehen.

Unten: Auf dem Gipfel des Niderbauen Chulm (links) mit Blick zum Oberbauenstock (rechts).

Abstecher, das ist – wenn man auch noch den Gipfel des Oberbauenstocks hinzunimmt – eine Tour für sich. Ob man diesen Tag als Genusswanderung oder fordernde Alpinwanderung gestaltet, auf jeden Fall ist man am Schluss der Zentralschweizer Voralpenwelt um einiges näher gekommen.

Charakter
Leichte Bergwanderung.

Schwierigkeit
T2. Bei Nässe teilweise glitschige Wege. Am Faulberg eine exponierte Stelle.

Höhendifferenz
350 m Aufstieg, 650 m Abstieg

Wanderzeit
3½–4 Std.

Route
Von der Bergstation Niederbauen führt der bezeichnete Weg durch die Hochebene der Niederbauenalp mit der Alp Ebnet in Richtung Faulberg. Steiler, etwas ausgesetzter Weg zum Faulberggrat. Nun leicht absteigend via Geissbüel und Wandeli (1321 m, Picknickplatz) zum Weg, der von der Klewenalp zur Stockhütte (1277 m) führt.

Varianten
Zu Beginn Überschreitung Niderbauen Chulm: Aufstieg über Tritthütte (1604 m), Abstieg südwärts auf steilem Weg via Hundschopf (1649 m) zur Niederbauenalp (T2, plus 350 m Aufstieg, 400 m Abstieg, plus 1½ Std.).
Tour vom Faulberg via Schwiren (2018 m), inklusive Abstecher zum Oberbauenstock (2117 m), weiter über Zingel (1901 m), Färnital und Wandeli zur Stockhütte (T3–T4, plus 350 m Auf- und Abstieg, plus 2 Std.).

Ausgangspunkt
Niederbauen (1570 m). Anreise mit der SBB bis Luzern, mit der Zentralbahn bis Stans, mit dem Postauto nach Emmetten. Seilbahn Emmetten–Niederbauen am Dorfende, täglich im Halbstundentakt in Betrieb (www.niederbauen.ch).

Endpunkt
Stockhütte (1277 m). Rückreise mit der Gondelbahn nach Emmetten (www.klewenalp.ch), mit dem Postauto nach Stans, mit der Zentralbahn nach Luzern (SBB-Anschluss).

Unterkunft und Verpflegung unterwegs
Berggasthaus Niederbauen,
Telefon 041 620 23 63,
www.berggasthaus-niederbauen.ch
Alpwirtschaften auf Alp Tritt zwischen Niederbauen und Niederbauen Chulm und bei der Alp Ebnet
Berggasthaus Stockhütte, Telefon 041 620 53 63, www.stockhuette.ch

Hinweis
Informationen zum Wildbeobachtungspfad auf www.klewenalp.ch

Karten
Landeskarte 1:25 000, 1171 Beckenried
Landeskarte 1:50 000, 245 Stans

Zmittagplättli auf der Alp Tritt.

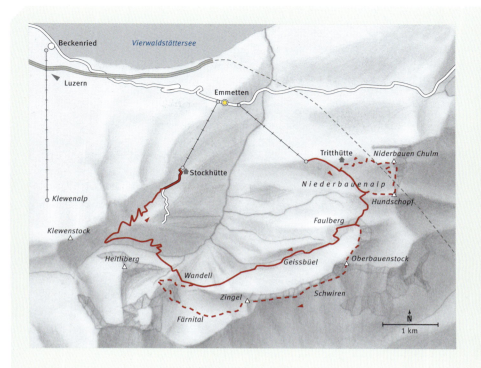

Das Fassungsvermögen der Seilbahn Emmetten–Niederbauen ist begrenzt.

Von Ober Axen über den Wildheuerpfad
nach Eggberge

Staunen und lernen

«Fangen wir beim Rophaien an: Der Blick hinauf zum Gipfelkreuz zeigt die geweideten Flächen der Alp und die hoch gelegenen Wildheuflächen zwischen den Felsbändern. Gegen Norden schweift er über den Fluchtweg Tells und die beiden Mythen ins Mittelland hinaus. Tief unter uns: der türkisfarbene Urnersee. Im Westen der markante, von Gletschern gezierte Uri Rotstock. Im Süden dominiert die Pyramide des Bristen. Die Kontraste sind riesig. Hier der einsame, ruhige Ort, dort die Hektik der gesamteuropäischen Haupttransitachse.» Besser kann man nicht in Worte fassen, was auf der Aussichtskanzel am Franzen auf dem Wildheuerpfad zwischen der Bergstation der Seilbahn Flüelen–Ober Axen und dem familiären Ferienort Eggberge zu erleben ist. Der Text ist (leicht angepasst) einem kleinen Büchlein entnommen, in dem die verschiedenen Posten des Wildheuerpfades beschrieben sind. Dieser Weg ist schon wegen des Panoramas eine Reise wert. Alles andere ist Zugabe. Eine äusserst professionell aufgemachte und interessante Zugabe allerdings.

So erfährt man, dass das Wildheuen eigentlich schon im Frühsommer anfängt. Aus den Wildheuflächen werden Steine herausgelesen, die durch Steinschlag oder Schneerutsche abgelagert wurden. Dann werden Altholz und junge Büsche entfernt, Erosionsstellen geflickt sowie die Zugangswege ausgebessert. Gemäht werden die Wildheuflächen mit der Sense, zusammengenommen mit Rechen und Gabeln. Sodann werden mit der Hilfe von Heunetzen schwere Burden gepackt und zur Abseilstelle oder in den Heustall der Alp getragen. Flurnamen wie «Fliälerfelli» zeigen aber auch an, dass die Flüeler ab und zu das Heu auch einfach über die Felsen stiessen. Wer das Gelände durchquert, hat dafür Verständnis. Die Planken sind teils so steil, dass man nur mit Steigeisen Halt findet. Klar ist auch: Fördergelder allein reichen nicht, um diese Planken zu heuen. Es braucht Idealismus und ein Traditionsbewusstsein, das am Rophaien von einem kleinen Kreis von Familien weiter gepflegt wird.

Damit nicht genug: Der Kanton Uri liess es sich nicht nehmen, am Rophaien ein Natur- und ein Sonderwaldreservat auszuscheiden. Wer den Weg in Angriff nimmt, wird so zuerst einmal durch einen lichten Föhrenwald streifen, der sorgfältig ausgeforstet ist, um die Wildheunutzung zu erhalten und Lebensraum für zahlreiche seltene Tier- und Pflanzenarten zu schaffen. Wer den Wildheuerpfad begeht, sollte also mehr Zeit einbe-

Links: Blick hinüber zum Gitschen. Im Hintergrund der Uri Rotstock.

Rechts: Das Bähnlein von Flüelen nach Ober Axen.

rechnen als die normale Wanderzeit – Zeit, um zu staunen und zu lernen. Ausdauernde Berggänger, die das Panorama-Feeling im wahrsten Sinn des Wortes auf die Spitze treiben wollen, werden indes beim Franzenstock abzweigen und auf steilen Wegspuren zum Rophaien hinauffinden. Dort ist die Aussicht vollends grenzenlos, und sie bleibt es auch, während man auf einem gut gesicherten Alpinwanderweg auf dem Grat südostwärts weitersteigt und schliesslich nach einer Umrundung des Diepen bei der Alp Schön Chulm anlangt. Von dort geht es steil hinunter und vorbei am aussichtsreichen «Arvenbänkli» zum Gruonwald, durch den man leicht die Sonnenterrasse bei Eggberge erreicht.

Charakter
Die Wanderung besteht im Wesentlichen aus einer lang gezogenen Flankentraverse: abschüssig, aber auf gutem Weg.

Schwierigkeit
T2, bei schlechten Verhältnissen (Schnee) mehr. Gutes Schuhwerk nötig. Achtung: Der Wildheuerpfad ist erst nach der Schneeschmelze, etwa ab Juni, offen. Nähere Informationen bei Uri Tourismus (Telefon 041 874 80 00, www.uri.swiss).

Höhendifferenz
600 m Aufstieg, 150 m Abstieg

Wanderzeit
3 Std.

Route
Von Ober Axen in ein paar Kehren hinauf zum Ober Frimseli (1170 m). Entlang der ersten Planggen (Sonderwaldreservat) zum Franzenstock (1454 m, Wildheuerhüttli). Von dort lang gezogen durch die Südflanke des Rophaien zum Unter Hüttenboden. Auf Wald- und Forststrassen nach Eggberge.

Auf dem Rophaien.

Variante

Von Franzen auf Alpinwanderweg (Wegspuren) steil hinauf zum Sattel zwischen Blutt Stöckli und Rophaien. Auf dem Nordwestgrat zum Rophaien (2077 m). Anschliessend auf gesichertem, teilweise klettersteigähnlichem Weg über Roten Chöpf (1998 m) und Äbneter Stöckli (2087 m). Der Diepen wird nordwärts umgangen. Durch Alpweiden zur Alp Schön Chulm. Hinter dem Alpgebäude auf Wegspur ein Schuttband querend zum flachen Rücken, der zur Hüenderegg führt. Auf diesem zum Wanderweg, der von Ruogig nach Eggberge führt (T3–T4, plus 900 m Auf- und Abstieg, plus 4 Std.).

Ausgangspunkt

Ober Axen (1011 m). Anreise mit der SBB bis Flüelen, mit dem Bus bis Flüelen, Gruonbach. Luftige Kleinkabinenbahn bis Ober Axen, Sommerbetrieb halbstündlich ab 8 Uhr (Telefon 041 870 94 18, www.oberaxen.ch).

Endpunkt

Eggberge (1447 m). Rückreise mit der Gondelbahn nach Flüelen, Eggberge Talstation, mit dem Bus nach Flüelen (SBB-Anschluss).

Unterkunft und Verpflegung unterwegs

Restaurant Oberaxen, Telefon 041 870 93 12, www.oberaxen.ch
Auf Eggberge zwei Gasthöfe: www.eggberge.ch

Hinweis

Weitere Informationen zum Wildheuerpfad: www.eggberge.ch

Karten

Landeskarte 1:25 000, 1172 Muotathal
Landeskarte 1:50 000, 246 Klausenpass

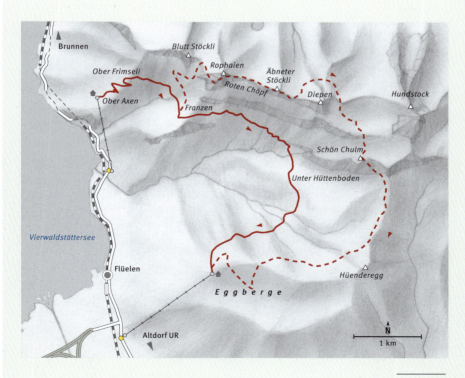

Vom Stanserhorn über den Arvigrat nach Wirzweli

Zwischen Himmel und Erde

Sie kennen sicher die Angst der Gallier, dass ihnen der Himmel auf den Kopf fallen könnte. Wen diese Angst plagt, der sollte die im Folgenden beschriebene Tour nicht machen. Sie startet bevorzugt auf dem Dach der Cabrio-Luftseilbahn, die dem Stanserhorn zu neuer Bekanntheit verholfen hat. Sie findet ihre Fortsetzung bei einem Kaffee im Drehrestaurant, um das sich in beachtlichem Tempo (Achtung: Schwindelgefahr!) «100 Kilometer Alpenkette und zehn Schweizer Seen» drehen – so will es wenigstens der Prospekt wissen. Tatsächlich ist die Rundsicht grenzenlos, und sie bleibt es, wenn man sich vom Stanserhorn her auf den Weg macht in Richtung Süden. Was für eine Wohltat: Für einmal beginnt eine Tour mit einem Abstieg. In steilen Kehren windet man sich hinunter zum Ächerli. Dabei vermelden Schautafeln am Wegrand Wichtiges über die Geologie dieses Berges. Wie die Mythen im Kanton Schwyz ist auch das Stanserhorn eine Klippe, das heisst ein Überrest einer geologischen Decke, die überall sonst längst abgetragen wurde. Just an jenem Berg hat sich der Wirbel-

Links: Ächerli und Stanserhorn aus der Vogelperspektive.

Rechts: Ächerli und Stanserhorn.

sturm Lothar so gründlich ausgetobt, dass auch von der Bewaldung an den Flanken nur noch Überreste sichtbar sind.

Deutlich besser sieht es bezüglich Bewaldung aus, wenn man vom Ächerli die Gegensteigung hinauf zum Arvigrat in Angriff nimmt. Vorher wird man jedoch noch kurz in der putzigen Schau-Alpkäserei einkehren, die einige innovative Bergbauern beim Ächerli aufgebaut haben. Zu empfehlen: eine Portion Nidwaldner Bratchäs und ein Gläschen Weisswein – das stärkt, gerade wenn man sich den Luxus leisten will, vor Ort einen Laib Bratchäs zu kaufen und für den Rest der Tour im Rucksack mitzutragen.

Denn nun geht es hinauf, über Stock und Stein, wobei unter «Stock» die Wurzelstöcke der Arven zu verstehen sind, die den Weg säumen. Ihnen hat der Sturm nichts anhaben können, und erst kurz vor dem Arvigrat machen sie dem steindurchsetzten Wiesland Platz. Nun ist man schon ein wenig auf Distanz zum Stanserhorn, dafür dem Rest der Zentralschweizer Alpen näher gerückt: dem Brisen, den Walenstöcken, dem Titlis, dem Brienzer Rothorn und dem Giswilerstock. Beim Weiterwandern entlang der Krete schaut man links hinüber zum Wellenberg, den die Nidwaldner Bevölkerung mit Erfolg vor einem Atommülllager bewahrte. Und gleich nebenan hockt der Weiler Altzellen an der Grenze zu Obwalden, wo die Skilegende Erika Hess aufwuchs.

Theoretisch könnte man vom Gräfimattstand noch weiter nach Süden vorstossen, aber das Gelände wird doch deutlich schwieriger. Mit einem Abstieg über die Kernalp hingegen lässt sich die Tour schön abrunden. Wiederum wartet beim Gummen eine moderne Gondelbahn, die den Wanderer bequem nach Wirzweli hinunterbringt. Wer zu Fuss zum Wirzweli absteigt, hängt nochmals eine schöne Panoramastrecke an. Bei der Talstation der Wirzwelibahn wartet ein Rufbus, der gratis zum Bahnhof Dallenwil fährt.

Charakter
Abwechslungsreiche Gratwanderung ent-lang der Grenze zwischen Obwalden und Nidwalden.

Schwierigkeit
T2. Im Aufstieg zum Arvigrat teilweise etwas grosse Tritte über Arvenwurzeln hinweg. Vom Ächerli her ist der Weg nicht ohne Weiteres an den Wanderwegweisern ablesbar.

Höhendifferenz
600 m Aufstieg, 950 m Abstieg

Wanderzeit
Mit Bahnbenützung Gummenalp–Wirz-weli 5 Std.

Route
Vom Gipfel des Stanserhorns in steilen Kehren hinunter zum Ächerli (gut ausgebauter Weg, oft begangen). Nach dem Ächerli (1396 m) wieder auf den nach Süden verlaufenden Grat zuhalten (schlechte Markierung). Auf dem Grat zuerst im Arvenwald, dann über steindurchsetztes Wiesland auf gut erkennbaren Wegspuren zum höchsten Punkt bei der Schellenflue (P. 2013). Luftiger Abstieg zum P. 1898 (Vorder Rossboden). Von dort nordostwärts zur Egg. Weiter den Gratrücken ent-lang nordostwärts bis zum Restaurant Gummenalp (1578 m); Seilbahn Gummenalp–Wirzweli nach Bedarf in Betrieb (Auskunft 041 628 14 25). Von der Talstation auf Zufahrtsstrasse zum Wirzweli.

Brätelspass bei Egg.

Unten: Die nostalgische Alpkäserei Ächerli.

Variante
Abstieg zu Fuss von Gummenalp nach Wirzweli: zusätzlich 350 m (Abstieg), ca. 40 Min., T2.

Ausgangspunkt
Stanserhorn (1897 m). Mit der SBB nach Luzern, mit der Zentralbahn nach Stans. Fussweg zur Talstation, mit der Stanserhorn-Bahn auf das Stanserhorn (Telefon 041 618 80 40, www.stanserhorn.ch).

Endpunkt
Wirzweli (1220 m). Rückreise mit der Erlebnisluftseilbahn nach Dallenwil, von dort mit dem Rufbus (gratis, Telefon 041 628 23 94) zur Bahnstation Dallenwil, mit der Zentralbahn nach Luzern (SBB-Anschluss).

Unterkunft und Verpflegung unterwegs
Drehrestaurant Rondorama, Telefon 041 618 80 40, www.stanserhorn.ch
Nostalgie-Käserei Chieneren mit Alpwirtschaft unterhalb Ächerli, Telefon 041 628 25 62
Berggasthaus Gummenalp, Telefon 041 628 14 25, www.gummenalp.ch

Hinweis
Rundreise Stans–Stanserhorn–Wirzweli–Dallenwil–Stans: Rundreisebillette am Schalter der Stanserhornbahn erhältlich.

Karten
Landeskarte 1:25 000, 1171 Beckenried, 1191 Engelberg
Landeskarte 1:50 000, 245 Stans

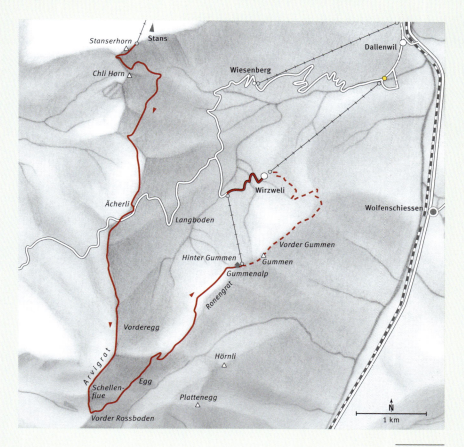

Von Brunni über die Walegg zur Bannalp

Noch ein Klassiker

«Walenpfad» nennen ihn die einen, «Benediktusweg» andere. Einig ist man sich jedoch, dass er einer der schönsten Wanderwege der Schweiz ist. Wir lassen ihn bei der Brunnihütte ob Engelberg mit einem Fussbad im nahen Härzlisee beginnen. Das regt die Geister an und belebt die Fantasie. Mit dieser stellen wir uns die Benediktinermönche des Klosters Engelberg vor, wie sie in ihren Mussestunden Ertüchtigung des Körpers und Reinigung des Geistes suchen. Wie sie hier den Titlis in seiner ganzen Erhabenheit vor sich sehen und davon ausgehend den ganzen Gipfelkranz vom Graustock bis zum Widderfeldstock. Wie sie, von der monasterischen Enge plötzlich in die Weite der Bergwelt entlassen, sich spirituell nähren lassen von der Sonne, der Höhenluft und der Reinheit der weissen Gipfelkalotte des Titlis – zuerst bei Brunni, dann, noch eindrücklicher, wenig später bei Rosenbold. Wie sie sehen, wie unten das Tal erwacht, und mit flüchtiger Hand ihren Segen geben, bevor sie dann auf einem schmalen Pfad in der Flanke der Walenstöcke schweigend gegen Norden weiterpilgern, die Sonne und den Titlis im Rücken, versunken in Meditation und Kontemplation. Wie sie so zur Walegg finden und in der dortigen Schutzhütte eine schmale Suppe kochen.

Dann sieht man sie im Geist entschwinden in Richtung Oberrickenbach und weiter zum Frauenkloster Niederrickenbach, während man selbst aufwacht und – nun wieder im Hier und Jetzt – über Weiden aufsteigt bis zur Walegg. Dort ist definitiv fertiggeträumt, denn das folgende Wegstück erfordert – so gut es auch gesichert ist – ein gewisses Mass an Konzentration. Wer die schwindelerregenden Tiefblicke in sich aufnehmen will, bleibt dafür am besten kurz stehen.

Am spektakulärsten ist die Rundsicht am anderen Ende dieser Schlüsselstelle. Da liegt ganz unten der Bannalpsee, und weiter oben auf einem schmalen Felsbord über dem Abgrund wird eine Alphütte sichtbar, die Alp Oberfeld. Es sind keine normalen Ziegen, die ihre Kräuter zwischen den Steinbrocken hervorzupfen, es sind Pfauenziegen. Sie sind anders gezeichnet als normale Geissen, bestimmt im Charakter und sehr robust. Den kargen Platz teilen sich die Geissen mit ein wenig Rätischem Grauvieh. Nicht wenige Wanderer bestellen sich ein Bio-Fleischplättli oder einen Coupe Walenstock mit frischer Nidle. Einige wissen sogar, dass man hier übernachten kann, und lassen hier oben den Tag ausklingen.

Für die meisten ist jedoch der Bannalpsee Zielpunkt dieser höchst abwechslungsreichen Tagestour. Gerade für Familien ist das eine dankbare Destination mit vielen Spielmöglichkeiten – kein Problem also, eventuelle Wartezeiten für die Seilbahn hinunter nach Oberrickenbach-Fell zu überbrücken.

Links: Von der Walegg aus erkennt man schon den Bannalpsee und von fern die Alp Oberfeld.

Rechts: Alp Oberfeld.

Charakter
Eine Route, die keine Minute Langweile aufkommen lässt und immer wieder neue Horizonte eröffnet.

Schwierigkeit
T2. Die Schlüsselstelle beim Eggeligrat ist gut abgesichert.

Höhendifferenz
650 m Aufstieg, 900 m Abstieg

Wanderzeit
3 Std.

Route
Von Brunni via Rosenbold die Westflanke der Walenstöcke querend nordwärts absteigend zur Walenalp (1673 m). Über Weideland hinauf zur Walegg, dann durch eine Schuttrinne zum Oberfeld und von dort auf einem steilen Wiesenpfad hinunter zum Bannalpsee (1586 m).

Variante
Bei Ober Stoffelberg zweigt rechts eine etwas alpinere Wegvariante ab, die über die Spissegg zur Walenalp führt (T2, plus 100 m Auf- und Abstieg, plus 15 Min.).

Oben links: Alp Oberfeld.
Panoramawanderungen können durchaus auch mal etwas luftig sein. Die Schlüsselstelle bei der Walegg (unten) ist gut gesichert.

Ausgangspunkt
Engelberg-Brunni (1867 m). Anreise mit der SBB nach Luzern, mit der Zentralbahn nach Engelberg, mit den Brunni-Bahnen bis Brunni (SAC-Hütte, Informationen zu Bahn und Restaurant über Telefon 041 639 60 60, Infoband 041 639 60 66 www.brunni.ch).

Endpunkt
Bannalp (1572 m). Rückreise mit der Seilbahn Bannalp-Oberrickenbach, Telefon 041 628 16 33, Infoband 041 628 27 51 (www.bannalp.ch). Ab Oberrickenbach-Fell mit dem Postauto nach Wolfenschiessen, mit der Zentralbahn nach Luzern (SBB-Anschluss).

Unterkunft und Verpflegung unterwegs
Brunnihütte SAC (1867 m), in der Sommersaison ab Anfang Mai durchgehend bewartet, Telefon 041 637 37 32, www.brunnihuette.ch
Alp Oberfeld (1826 m), bewartet zur Alpzeit von Juni bis Oktober, Telefon 079 459 14 48 (ganzes Jahr), www.waser-bergwelt.ch

Karten
Landeskarte 1:25 000, 1191 Engelberg
Landeskarte 1:50 000, 245 Stans

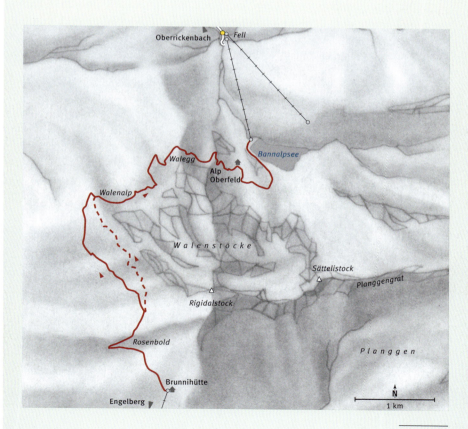

Von Käserstatt über den Gibel nach Lungern
Im Herzen der Schweiz

In Deutschland würde man dem Gipfel vielleicht «Dachstein» sagen – in der Schweiz ist es einfach der Gibel. Das Gefühl ist das gleiche: Auf dem Gipfel fühlt man sich wie eine Katze auf dem Dachvorsprung. Man räkelt sich in der Sonne und geniesst die gefahrlose Rundsicht. Gegen Süden das Haslital, das sich gegen Osten hin verzweigt ins Grimsel- und Susten-Gebiet – gut sichtbar ist das Sustenhorn mit seinem Firnteppich. Vis-à-vis das Rosenlaui-Gebiet mit den Engelhörnern und dem Wetterhorn. Dann die Seenlandschaft rund um den Brienzer- und Thunersee, je nach Wettersituation türkis aufleuchtend oder in gespenstisches Grau getaucht, gegen Westen hin Lungernsee und Giswilerstock, im Norden schliesslich Pilatus, die Nidwaldner Voralpen und der Panoramagrat des Glogghüs, wie er im Buch «Die schönsten Alpinwanderungen in der Schweiz» beschrieben ist.

In diesem Buch wollen wir aber wandern, nicht kraxeln. Und das kann man hier vorzüglich. Der Weg von Käserstatt ist kurz und breit – ideal

Links: Integrale Sicht auf den Lungernsee.

Rechts: In Weiss verpackt: das Sustenhorn.

für einen Familienausflug. Denn auch der Gibel bietet viel Platz, vor allem wenn man nach dem Panoramagenuss nach Norden absteigt. Wer das Kraxeln doch nicht ganz lassen will, kann, statt das nachfolgende Horn rechts zu umgehen, diesen Felsvorsprung besteigen. Wiederum wird man belohnt mit einer Rundsicht der Extraklasse – diesmal inklusive Gibel, der nun im Süden den Vordergrund bildet. Der Abstieg bietet zudem einige Meter gut gesichertes Klettersteig-Feeling.

Nächster Fixpunkt der Wanderung ist die Alp Hüttstett. Nun gibt es verschiedene Optionen. Weiter gegen Osten zum Mittelpunkt der Schweiz bei der Älggialp? Möglich, wenn man über www.aelggialp.info den Taltransport organisiert, denn sonst wird die Wanderung zu lang. Gegen Westen direkt hinunter nach Lungern? Für Wanderer mit intakten Kniegelenken die richtige Entscheidung. Mehr gegen Süden zum Brünigpass? Ist etwas länger, dafür knieschonender. Oder gegen Norden hin hinauf zum Güpfi und Höh Grat? Das ist für ausdauernde Panorama-Berggänger eine wunderbare Sache. Noch einmal während zwei Stunden auf einem schmalen, aber nicht wirklich exponierten Grat mit sich selbst und der Rundsicht allein sein. Noch einmal den Blick auf Seen und Berge geniessen. Sich noch einmal hinsetzen und die Seele über dem Rest der Welt baumeln lassen. Dann erst geht es hinunter, lange hinunter bis nach Kaiserstuhl und damit zurück in die Zivilisation.

Bei Hüttstett.

Charakter
Ohne Variante eine typische Panoramawanderung, wenn auch mit etwas langem Abstieg. Mit Variante eine typische Panorama-Bergtour.

Schwierigkeit
T2

Höhendifferenz
250 m Aufstieg, 1550 m Abstieg

Wanderzeit
4–5 Std.

Route
Von Käserstatt auf bequemem Panoramawanderweg leicht aufwärts zum Gibel (2036 m). Abstieg die ersten Meter gegen Westen, dann gegen Norden bis zur Senke bei der Unterhornalp (P. 1812). Nun entweder über den Felskopf des Horns (1858 m) oder diesen rechts umgehen. Dann durch Alpgelände hinunter zur Alp Hüttstett (1663 m). Abstieg von Hüttstett auf Waldwanderweg direkt und steil nach Lungern.

Varianten
Ab Hüttstett lang gezogen südwestwärts auf gutem Wanderweg zum Brünigpass (T2, minus 300 m Abstieg, plus ½ Std.).
Ab Hüttstett weiter auf der Wegspur am Grat über Güpfi (2043 m), Höh Grat (1923 m) und Arvidossen (1808 m) nach Unterbrunnenmad (1089 m). Von dort auf Alpstrasse hinunter nach Kaiserstuhl (T3, plus 550 m Aufstieg, plus 600 m Abstieg – macht insgesamt mehr als 2000 m Abstieg! –, plus 2 Std.).

Ausgangspunkt
Käserstatt (1831 m). Anreise mit der Zentralbahn bis Brünigpass, mit dem Bus bis Hasliberg Wasserwendi, Twing, mit der Gondelbahn bis Käserstatt (Gondelbahn durchgehend in Betrieb, Telefon 033 550 50 50, Informationen über www.meiringen-hasliberg.ch).

Endpunkt
Lungern (752 m). Rückreise mit der Zentralbahn nach Luzern (SBB-Anschluss).

Unterkunft und Verpflegung unterwegs
Bergrestaurant Käserstatt, Telefon 033 972 50 20

Karten
Landeskarte 1:25 000, 1190 Melchtal, 1210 Innertkirchen
Landeskarte 1:50 000, 245 Stans, 255 Sustenpass

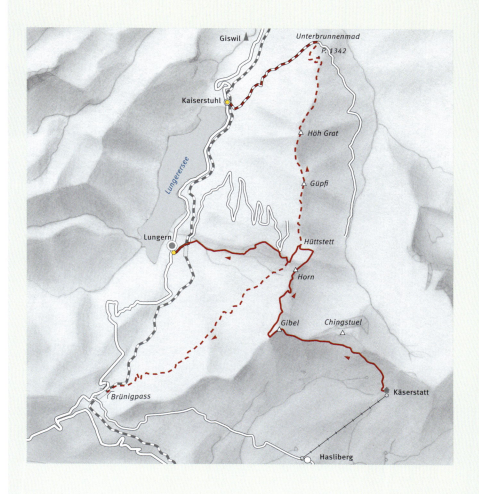

Vom Brienzer Rothorn über den Hoch Gummen nach Sörenberg

Völlig schwerelos

Sie kennen das Schauspiel: Da setzt man sich müde und zufrieden neben dem Gipfelkreuz hin, nimmt einen tiefen Schluck aus der Feldflasche und macht sich daran, den Lunch auszupacken: Brot, Käse, feines Bündnerfleisch oder eine währschafte Wurst. Lautlos schweben die Dohlen heran, während man noch daran ist, den Käse von der Rinde zu befreien. Zuerst nur eine, um nachzuschauen, ob nicht ein Hund stört, dann eine zweite, eine dritte. Strategisch geschickt gruppieren sie sich um einen herum, damit für jeden dieser schwarzen Vögel mit den flinken Schnäbeln die Chance gleich gross ist, einen Happen zu erhaschen. Je bekannter der Gipfel ist, desto frecher sind sie, kommen näher und picken einem beinahe das Fleisch vom Brot. Das ist auf dem Brienzer Rothorn nicht anders. Von Brienz führt eine Dampfzahnradbahn auf den Gipfel, von Sörenberg eine Luftseilbahn. Da ist also garantiert Betrieb, da fällt immer etwas ab. Und von beiden Seiten kommt der Talwind und vereinigt sich über dem Gipfel zu einem Luftkarussell, das die Dohlen tanzen lässt. Mal balancieren sie geschickt auf einem Luftkissen, mal tauchen sie abrupt ab, um auf dem nächsten Luftstoss fortzureiten.

Normalerweise ist es nun so, dass man mit dem Gipfel auch die Gesellschaft der Dohlen verlässt. Nicht aber beim Grat vom Brienzer Rothorn über den Arnihaaggen zum Hoch Gummen. Denn auf diesem Weg ist immer Gipfelstimmung. Wenn es Sterne zu verteilen gäbe für Gratwanderungen, dieser Weg erhielte glatt deren fünf. Einen für die traumhafte Daueraussicht, rechts hinunter zum Brienzersee und hinüber zu Eiger, Mönch und Jungfrau, links von der Schrattenflue bis zum Titlis. Dann einen für die Wegführung, immer hart am oder auf dem Grat. Den dritten Stern gibt es für den tadellosen Zustand des Weges und dessen Beschilderung, den vierten für die angenehme Art des leichten Auf und Ab. Und den fünften Stern, den gäbe ich für die sympathische Begleitung durch die Dohlen. Sie zeigen vor, wie man sich fühlen soll und darf auf diesem Grat: frei wie ein Vogel, völlig schwerelos ...

Wer vom Hoch Gummen den Weg noch weiter über das Wilerhorn zum Brünigpass nimmt, kann nochmals einen guten Fünf-Sterne-Kilometer anhängen. Umso jäher sticht man jedoch nach dem Wilerhorn hinunter

Links: Tiefblick zum Glaubenbielenpass, im Hintergrund die Schrattenflue.

Rechts: Eindrücklich: der Giswilerstock.

zum Pass, wo der Zug bequem wieder nach Brienz zurückführt. Für diejenigen, die auf die Sörenberger Seite zurückkehren, heisst es spätestens nach der Stellenen, Abschied zu nehmen vom Grattraum. Trotz störender Hochspannungsleitungen lohnt es sich jedoch, den Weg am Fuss des Giswilerstocks entlang zu nehmen. Denn da ist noch die Alp Jänzimatt. Dort steht eine Alpkapelle mit sehenswerten Glasfenstern des Stanser Glasmalers José de Nève. Es gibt aber auch eine Alpkäserei zu besichtigen, und die Älplerin verwöhnt einen am liebsten mit einer gehörigen Portion Älplermagronen – liegt doch die Alp Jänzimatt am Älplermagronenweg, der dann weiterführt bis… Aber das ist eine andere Geschichte.

Oben: Blick auf den schönen Brienzersee.

Unten: Bequemer Aufstieg zum Brienzer Rothorn.

Charakter
Hier findet man ein Maximum an Grat für ein Minimum an körperlicher Anstrengung – auch wenn die ganze Reise sich in die Länge zieht. Aber wen stört das schon, bei dieser Aussicht!

Schwierigkeit
T2. Gute Wege, gut markiert. Trotzdem ist auch gutes Schuhwerk empfohlen.

Höhendifferenz
450 m Aufstieg, 1550 m Abstieg

Wanderzeit
5 Std.

Route
Vom Brienzer Rothorn auf gut bezeichnetem Weg stets der Krete entlang zum Arnihaaggen (2207 m) und weiter zum Hoch Gummen (2204 m). Links haltend auf dem Grat weiter zum Mändli (2059 m). Ostwärts kurz absteigen, dann nordwärts unter der Ostflanke des Mändli hindurch zur Chringe (1913 m). Von dort absteigend zur Alp Fontanen und Alp Jänzimatt (1619 m, Kapelle). Von der Jänzimatt via Arnischwand auf Wanderweg hinunter zum Schönenboden.

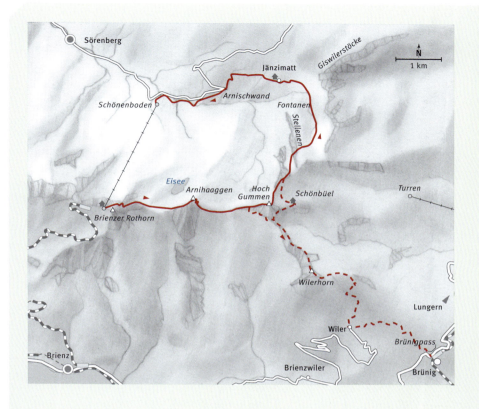

Variante
Kurz vor dem Gipfel des Hoch Gummen rechts haltend zum Grat, der zum Wilerhorn führt. Vom Wilerhorn in steilen Kehren hinunter via Alp Wilervorsess zum Brünigpass (T2, 550 m Aufstieg, 1750 m Abstieg, gleiche Zeit).

Ausgangspunkt
Brienzer Rothorn (2348 m). Anreise mit der SBB nach Schüpfheim im Entlebuch, mit dem Bus bis Sörenberg, Rothornbahn. Luftseilbahn zum Brienzer Rothorn (Telefon 041 488 15 60, www.soerenberg.ch). Oder mit der SBB nach Brienz, von dort mit der Dampfzahnradbahn auf das Brienzer Rothorn (Telefon 033 952 22 22, www.brienz-rothorn-bahn.ch).

Endpunkt
Schönenboden (1239 m). Rückreise mit dem Bus nach Schüpfheim (SBB-Anschluss).

Unterkunft und Verpflegung unterwegs
Berghaus Rothorn Kulm (2266 m),
Telefon 033 951 12 21,
www.brienz-rothorn-bahn.ch
Bärghuis Schönbüel (2008 m), östlich unterhalb des Hoch-Gummen-Gipfels,
Telefon 078 973 83 65,
www.berghaus-schoenbueel.ch
Alp Jänzimatt, Telefon 079 509 85 81,
www.fam-riebli.ch

Karten
Landeskarte 1:25 000, 1189 Sörenberg, 1209 Brienz
Landeskarte 1:50 000, 244 Escholzmatt, 254 Interlaken

Von Kleinsustli über die Sustlihütte nach Gorezmettlen

Drüber und doch mittendrin

Am 9. Juli 1911 waren vier Alpinisten aus dem Schweizer Alpen-Club auf dem Weg zum Wichelplanggstock. Es war schon Mittag, als sie auf einem kleinen Boden inmitten steiler Abhänge ankamen. Sie machten Rast und hatten Zeit, das grossartige Panorama, das sich von diesem Platz aus bietet, in sich aufzusaugen: das Sustenhorn, den Fleckistock (mit 3416 Metern der höchste ganz auf Urner Gebiet liegende Berg), die Fünffingerstöcke und in seiner ganzen Länge das Meiental. Dieser Platz war so einladend, dass die vier spontan beschlossen, hier eine Clubhütte zu bauen.

Heute verfügt die Sustlihütte über 69 Schlafplätze, Sonnenkollektoren sorgen für warmes Wasser, und an der nördlichen Hauswand wurden vor ein paar Jahren Klettergriffe angebracht, die den Kindern sehr viel Spass bereiten. Denn es sind weniger die ambitionierten Bergsteiger, die sich in der Sustlihütte einquartieren, als vielmehr Tagesgäste, die mit Auto oder Postauto zum nahen Sustlibrüggli fahren und von dort aus gerade noch

Links: Die Sustlihütte, im Hintergrund der Sustenpass.

Rechts: Im Aufstieg zur Sustlihütte werden die Fünffingerstöcke sichtbar.

350 Höhenmeter zu bewältigen haben. Ideal also für einen Panorama-Familienausflug, vor allem wenn man nicht den direkten, sondern den etwas gemütlicher ausgelegten Normalweg zur Hütte nimmt. Dieser windet sich in gleichmässiger Steigung nach oben. Unter den Füssen spürt man festen Granit, der auch rundherum in Form von gletschergeschliffenen Platten das Sonnenlicht reflektiert.

Der direkte Weg ist aber durchaus auch empfehlenswert. Er führt durch steiles Wiesland empor, an ein, zwei Stellen sind über Steinplatten kurze Leitern montiert, die einen ersten, ungefährlichen Eindruck eines Klettersteigs vermitteln. Nach einer ausgiebigen Rast auf der Hütte kann man natürlich auf demselben Weg wieder absteigen. An dieser Stelle sei aber der etwas längere Abstieg nach Gorezmettlen empfohlen. Er hat den Vorteil, dass man zuerst rund 2 Kilometer geradeaus wandert – eine halbe Stunde Panoramagefühl vom Feinsten. Dafür geht's danach kompromisslos in engen Kehren hinunter. Grund genug, um immer wieder stehen zu bleiben, vielleicht entdeckt man ja noch den einen oder anderen Pilz oder erhascht einige Heidelbeeren am Wegrand.

Schön ist, dass in dieser Gegend auch auf die Rechnung kommt, wer es lieber etwas fordernder hat. Alpinwanderer starten deshalb beim Sustenpass und überwinden dann das Guferjoch. Der 2551 Meter hohe Übergang lag etwas zu hoch, um in der Hocheiszeit von den Eismassen überspült zu werden. Übrig geblieben sind zwei kümmerliche Firnfelder auf beiden Seiten und eine Felsflanke, die dank der Unterstützung von Drahtseilen problemlos erstiegen werden kann. Der Rest ist eine Höhenwanderung – wiederum mit dem besagten Dauerpanorama – inmitten der alpinen Bergwelt.

Der Sustenpass, im Hintergrund das Sustenhorn.

Charakter
Etwas steil, dafür kurzer Hüttenzustieg. Dasselbe gilt für den Abstieg zwischen Hohberg und Gorezmettlen: kurz, aber eher steil. Die ganze Route ist gut bezeichnet und an sich unschwierig. Wanderstöcke sind zu empfehlen.

Schwierigkeit
T2

Höhendifferenz
400 m Aufstieg, 700 m Abstieg

Wanderzeit
4 Std.

Route
Von Kleinsustli zuerst den Sustlibach entlang und dann in einigen Kehren hinauf zur Hütte (2257 m). Von der Sustlihütte ostwärts auf der Hochterrasse an der Chanzelflue vorbei und unter dem Hohberg hindurch. Dann zuerst mässig, am Schluss recht steil hinunter nach Gorezmettlen zur Postauto-Haltestelle.

Varianten
Auf dem Leiterliweg direkt von Kleinsustli zur Sustlihütte (T3, steil, gleiche Zeit).
Alpinwanderung vom Sustenpass (2260 m) via Sustenloch zum Guferjoch (2551 m) und dann über die Kar-Hochebene Stöss zur Sustlihütte (T4, 400 m Aufstieg, 350 m Abstieg, bis zur Sustlihütte 3 Std.).

Ausgangspunkt
Kleinsustli (1907 m). Anreise mit der SBB bis Flüelen oder Erstfeld, mit dem Postauto nach Wassen (umsteigen) und weiter nach Meien, Sustenbrüggli. Besenbeiz beim Sustenbrüggli.

Endpunkt
Gorezmettlen (1560 m). Rückreise mit dem Postauto nach Wassen (umsteigen) und weiter nach Erstfeld oder Flüelen (SBB-Anschluss).

Unterkunft und Verpflegung unterwegs
Sustlihütte SAC (2257 m). 69 Schlafplätze, bewartet Mitte Juni bis Oktober, Telefon 041 885 17 57, www.sustlihuette.ch

Karten
Landeskarte 1:25 000, 1211 Meiental
Landeskarte 1:50 000, 255 Sustenpass

Beim Guferjoch

Von Tiefenbach nach Hospental
Gotthard intim

Es wird keine Gelegenheit ausgelassen, um den Gotthard zum Mythos zu erklären. Der Alltag zeigt sich aber anders. Wer ihn erfahren will, startet beim Berghotel Tiefenbach und folgt kontinuierlich nordostwärts dem Urserental. Dazu bietet sich eine schwach ausgeprägte Terrasse an, auf der es sich trefflich wandern lässt. Zuerst fasziniert die Gipfelwelt aus Granit. Am Ende des Witenwasserentals spähen das Leckihorn, der Pizzo Rotondo und der Pizzo Lucendro hervor. Von dort weitet sich der Blick ins Urserental, das am Oberalppass sein Ende findet. Gegen Norden hin kommen schon bald Lochberg, Blauberg und das Müeterlishorn ins Blickfeld. Sie bestimmen die Szenerie, die Zivilisation liegt weit unten, unterhalb der Furkapassstrasse, die sich in kunstvollen Kehren heraufschlängelt. Wer Glück hat, beobachtet Gämsen oder findet am Wegrand eine Kristallspitze. Entspannt wandert man den Verlauf der Höhenkurven entlang, locker und stressfrei. Beim Blauseeli lockt eine Rast oder gar eine Abkühlung.

Lange Zeit wähnt man sich hoch oben in den Lüften schwebend. Erst nach Rotenberg beginnt langsam der Sinkflug, und mit ihm wächst das Interesse an dem, was unten ist. Eine Weile folgt man einer Starkstromleitung, einem ersten Zeichen des Transitknotenpunkts Gotthard. Dann sieht man am Winterhorn vorbei hinauf zum Gotthardpass. Die Gotthardpassstrasse wirkt wie eine Ameisenpiste. Man passiert einige Lawinenverbauungen aus Granit. Sie erzählen die Geschichte der Naturgewalten, die es hier einzudämmen gilt. Unten hockt der Flecken Hospental, der sich seinen traditionellen Charakter erhalten konnte. Die untere Sektion der Sesselbahn auf das Winterhorn ist zurückgebaut, nicht aber die obere. Ob das Geld fehlt oder der Wille dazu? Schliesslich rückt Andermatt ins Blickfeld. Von hier aus wird klar, was das Resort der Andermatt Swiss Alps AG für das Urserental bedeutet: Die Gebäude des «Chedi» sind mitten ins Dorf gepflanzt, auf der anderen Seite der Bahnlinie ist vor weiteren Feriengebäuden ein Golfplatz angelegt. So sieht Landschaftsveränderung konkret aus.

Steil führt der Weg nach unten. Man teilt sich die Natur mit Ziegen, die das spärliche Gras abfressen. Transit, Tourismus, Landwirtschaft auf engstem Raum vereint. Wo ist der Mythos? Überall ein bisschen – und doch nirgends.

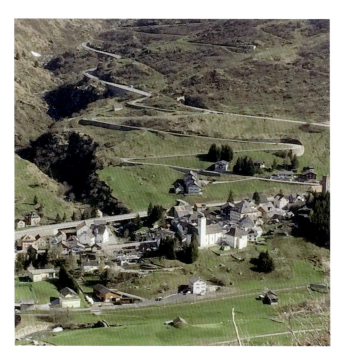

Links: Blick hinüber ins Witenwasserental.

Rechts: Bei Hospental zweigt die Gotthard-Pass-strasse ab.

Höhenunterschied rund 4 Kilometer nordostwärts, vorbei am Blauseeli (2136 m). Auf demselben (Furka-)Höhenweg bleibend eher steil absteigen bis Hospental.

Variante
Abstiegsmöglichkeit von Lochbergegg direkt hinunter nach Realp (1538 m, minus 100 m Auf- und Abstieg, minus 1½ Std.).

Charakter
Klassische Höhenwanderung, unaufgeregt, aber schön.

Schwierigkeit
T2

Höhendifferenz
250 m Aufstieg, 950 m Abstieg

Wanderzeit
3½ Std.

Route
Vom Hotel Tiefenbach auf Alpstrasse wenige Kehren hinauf (P. 2272), dann geradewegs hinein zur kleinen, sumpfdurchzogenen Hochebene Lochbergegg. Kurz in das Hochtal hinein und auf der anderen Seite wieder zurück, dann mit nur wenig

Ausgangspunkt
Hotel Tiefenbach (2106 m). Anreise mit der SBB bis Realp, mit der Zahnradbahn bis Tiefenbach. Übernachtungsmöglichkeit im Hotel Tiefenbach (Telefon 041 887 13 22, www.hotel-tiefenbach.ch).

Endpunkt
Hospental (1452 m). Rückreise mit der MGB nach Andermatt und weiter nach Göschenen (SBB-Anschluss).

Unterkunft und Verpflegung unterwegs
keine

Karten
Landeskarte 1:25 000, 1231 Urseren
Landeskarte 1:50 000, 255 Sustenpass

Wuchtig erhebt sich der mächtige Kopf des Tödi.

Vom Klausenpass über den Fisetengrat
zum Chamerstock

Echo vom Urner Boden

Lang und breit zieht sich der Urner Boden hin in Richtung Klausenpass, auf der einen Seite eingegrenzt durch die Felsflühe des Glatten, auf der anderen Seite vom Clariden, dem Gemsfairenstock und dessen Ausläufer, dem Fisetengrat. Unsere Wanderung lassen wir beim Klausenpass starten, weil Panorama-Feeling nicht nur mit Weit- oder Tiefblicken, sondern auch mit «Aufblicken» ausgelöst werden kann. Zum Beispiel mit dem Aufblick zum Clariden mit seiner mächtigen Nordwand, die man in ihrer vollen Breite abschreitet. Sie war früher eine begehrte Eistour in wunderbarem Ambiente und mit einem lohnenden Gipfel. Allein, von all dem Eis ist nicht mehr viel übrig geblieben, und die freigelegten Schuttrinnen sind nicht mehr nach jeden Kletterers Geschmack.

Von diesem Schutt hat der Gletscher bereits grosse Mengen abtransportiert und in der Geländemulde des Griess abgelagert. Zeuge dieses Wirkens ist ein kreisrunder Karsee und ein Moränenwall, den man überschreitet. Dabei sieht man hinunter in eine geologische Ausbuchtung, die den Erbauern der Klausenpassstrasse sehr entgegenkam. Die Bezeichnung «Chlus» deutet an, dass sich hier ein Fluss eigentlich ein Tal bahnen wollte, aber irgendwann nicht mehr weiterkam, ganz ähnlich wie beim Creux du Van im Neuenburger Jura.

Bald ist man beim Gemsfairenhüttli angelangt, wo der Weg in die Flanke des Gemsfairenstocks einmündet. Jetzt ist vor allem das weit ausgedehnte Alpgebiet des Urner Bodens im Blickfeld, die grösste Alp der Schweiz, die dank breiter Unterstützung von Stiftungen und der öffentlichen Hand wirtschaftlich am Leben erhalten wird. Ein wenig Einkommen bringt den Urnerbödelern auch die Seilbahn, die vom Urner Boden zum Fisetengrat hinaufführt. Sie bringt Ausflügler nach oben, die sich in den zweiten Teil der Panoramawanderung einklinken, in jenen zum Chamerstock. Eigentlich eine Gratwanderung, nur dass der Grat ein Rücken ist – und es praktisch geradeaus geht. Und das auf mehr als 2 Kilometer. Neu hinzu kommt jetzt gegen Süden hin der Blick in den Abschluss des Glarner Haupttals. Zuerst erscheinen gegenüber der Hausstock und der Ruchi, aber mit jedem Schritt erweitert sich die Sicht bis zum Selbsanft, zum Bifertenstock und schliesslich zum Tödi.

Ganz hinten schliesslich, auf dem Chamerstock, liegt einem das gesamte Glarnerland zu Füssen, über Linthal und Schwanden hinaus bis zur Kantonshauptstadt. Ein veritabler Adlerhorst also, der zum Verweilen und Staunen einlädt. Der Abstieg kommt dann gerade recht, um die Eindrücke in sich nachwirken zu lassen und die Augen wieder auf den Kurzdistanzblick einzustellen.

Der Weg führt unter der Nordwand des Clariden hindurch.

Charakter
Interessante Bergwanderung, teilweise über Stock und Stein.

Schwierigkeit
T2. Eine kurze Passage zwischen dem Gemsfairenhüttli und dem Fisetengrat ist mit Ketten gesichert.

Höhendifferenz
350 m Aufstieg, 1000 m Abstieg

Wanderzeit
6 Std.

Route
Vom Klausenpass über das Claridenbödemli (2059 m), dann leicht hinauf zum Griessseeli. Von dort verläuft der bezeichnete Weg leicht absteigend zum Gemsfairenhüttli (1947 m) und weiter durch eine kurze Schrofenpassage mit Kettensicherung nordostwärts zum Fisetenpass (2033 m). Vom Fisetenpass leicht ansteigend auf einem Gratrücken zum Chamerstock (2123 m). Abstieg zuerst steil bis zum Geisstritt (1847 m), dann gemächlicher und weitgehend auf einer Alpstrasse nach Urnerboden (Postauto-Haltestelle).

Variante
Von Urnerboden mit der Seilbahn zum Fisetengrat, von dort auf den Chamerstock (T2, 100 m Aufstieg, 750 m Abstieg, 3 Std.). Informationen zur Seilbahn Fisetengrat unter Telefon 079 736 34 41, www.urnerboden.ch.

Ausgangspunkt
Klausenpass (1948 m). Anreise mit der SBB bis Flüelen oder Linthal, Postauto bis Klausenpass. Verpflegungsstände auf dem Pass.

Endpunkt
Urnerboden (1383 m), Postauto-Haltestelle Urnerboden, Dorf. Rückreise mit dem Postauto bis Flüelen oder Linthal (SBB-Anschluss).

Unterkunft und Verpflegung unterwegs
Gasthäuser und Restaurants am Urner Boden (www.urnerboden.ch)

Karten
Landeskarte 1:25 000, 1173 Linthal, 1193 Tödi
Landeskarte 1:50 000, 246 Klausenpass

Hinter dem Rothorn ragt das Wildstrubelmassiv in die Höhe.

Von der Schynigen Platte über das Faulhorn zum First

Im Banne des Eigers

Es ist nicht unbedingt im Sinne des Autors, Routen zu präsentieren, die viele schon kennen. Aber es gibt einige wenige Orte, da geht es einfach nicht anders. Einer dieser Orte ist Grindelwald. Natürlich gibt es den Eiger Trail, der unter der Nordwand hindurchführt und den Blick gen Norden schweifen lässt. Es gibt den Männlichen, von dem man nicht nur den Eiger, sondern auch das Lauterbrunnental im Blickfeld hat. Und dort, im Lauterbrunnental, gibt es den Höhenweg zwischen der Grütschalp und Mürren. Dieser wäre vielleicht etwas weniger bekannt. Aber es ist halt einfach so: Der Weg über das Faulhorn zum First ist in Bezug auf den Panoramafaktor unschlagbar. Das muss man sich eingestehen, und deshalb lassen wir uns auch in diesem Buch mit der Zahnradbahn hinaufchauffieren zur Schynigen Platte.

Was dann folgt, ist gleichsam eine Angewöhnungstour für den grossen Höhepunkt, das Faulhorn. Das Entrée geniesst man auf der Panoramaterrasse der Schynigen Platte, wo einem das Dreigestirn mit Eiger, Mönch und Jungfrau zum ersten Mal entgegenstrahlt und das Lauterbrunnental zu Füssen liegt. Auf dem Weg zum Loucherhorn erhascht man dann nordwärts einen Blick zum Brienzersee, bevor sich die Augen etwas erholen können. Bis zum Berghaus Männdlenen ist es dann eher die Karstlandschaft mit den vielen blumigen Farbtupfern, an der man sich nicht sattsehen kann.

Dann aber geht es punkto Aussicht richtig zur Sache. Langsam, aber sicher entrollt sich ein Panorama, wie es in Europa seinesgleichen sucht. Im Süden tauchen hinter dem Mättenberg das Schreckhorn und das Lauteraarhorn auf, jenes Zweigespann aus Fels und Eis mit einem Verbindungsgrat, dessen Überschreitung zu den schönsten Unternehmungen in den Alpen gehört. Links davon nimmt das Wetterhorn Gestalt an, und rechts erscheinen das Finsteraarhorn (der höchste Berner Gipfel) und das Grosse Fiescherhorn. Der Eiger davor zeigt immer deutlicher seinen Mittellegigrat mit der messerscharfen Kalkschneide und den Westgrat, der von rubinrotem Kristallingestein durchsetzt ist. Und natürlich ist da die 1900-Meter-Wand, die unbezwingbar scheint und doch schon in weniger als zweieinhalb Stunden durchstiegen worden ist. Oben, auf dem Gipfel des Faulhorns schliesslich (dessen Namen sich von den lockeren Gesteins-

Links: Morgenstimmung auf dem Faulhorn.

Rechts: Der Aufstieg zum Faulhorn ist nicht sehr steil.

schichten, den «Fulen», ableitet), stürzt der Blick gegen Norden hinunter bis zum Thuner- und Brienzersee, bleibt hängen am Kranz der Berner und Zentralschweizer Voralpen, um sich schliesslich in der Ferne des Juras und des Schwarzwalds zu verlieren.

Nun ist der Abstieg vorbei am Bachsee zum First vorgegeben. Oder man verweilt noch dort oben, geniesst den Sonnenuntergang und macht es sich für eine Nacht richtig exklusiv im höchstgelegenen Berghotel der Schweiz bequem.

Beim Berghaus Männdlenen.

Auf Stein gebaut: das Berghotel Faulhorn.

Charakter
Eine ultimative Höhenwanderung im Banne des Berner Dreigestirns.

Schwierigkeit
Im Wesentlichen T2, wenige Stellen T3. Mit gutem Schuhwerk kein Problem.

Höhendifferenz
800 m Aufstieg, 800 m Abstieg

Wanderzeit
6 Std.

Route
Von der Schynigen Platte auf dem bekannten Höhenweg via Sägistal und Berghaus Männdlenen zum Faulhorn (2681 m). Abstieg am Bachsee (2265 m) vorbei zum First.

Ausgangspunkt
Schynige Platte (1967 m). Anreise mit der SBB bis Interlaken Ost, mit der Jungfraubahn bis Wilderswil, mit der Schynige-Platte-Bahn bis Schynige Platte. Die Bahn ist bis ca. Mitte Oktober in Betrieb (www.jungfrau.ch).

Endpunkt
First (2165 m), Endstation der Gondelbahn Grindelwald–First. Rückreise mit der Gondelbahn nach Grindelwald, mit der Jungfraubahn nach Interlaken (SBB-Anschluss).

Unterkunft und Verpflegung unterwegs
Berghaus Männdlenen (2344 m), geöffnet Mitte Juni bis Mitte Oktober, Telefon 033 853 44 64, www.berghaus-maenndlenen.ch

Hotel Faulhorn (2680 m), ursprüngliches Berghotel – das höchstgelegene der Schweiz – unter dem Faulhorn-Gipfel, Doppelzimmer, Dreierzimmer oder Massenlager, geöffnet Ende Juni bis Mitte Oktober (Telefon 079 534 99 51, www.faulhorn.ch)

Karten
Landeskarte 1:25 000, 1229 Grindelwald
Landeskarte 1:50 000, 254 T Interlaken

Vom Schilthorn über die Schwalmere nach Sulwald

Vom Piz Gloria zum Piz Gloriosa

Die Aussicht vom Piz Gloria, dem Schilthorn, braucht man nicht mehr näher vorzustellen. Praktisch auf Augenhöhe sieht man hin zur Blüemlisalp, zum Dreigestirn Eiger, Mönch und Jungfrau und dann gegen Norden über die Berner Oberländer Voralpen. Da, im Mittelgrund, sticht eine weitere Erhebung ins Auge. Sie ist nicht ganz so hoch, aber mindestens so aussichtsreich: die Schwalmere. Ein Muss für Panoramawanderer! Der Gipfelkranz der Berner Eisriesen hat sich zwar etwas in den Hintergrund verabschiedet, dafür eröffnen sich nun schwindelerregende Tiefblicke zum Thunersee und von dort über die Weiten des Mittellandes. Man fühlt sich auf der Schwalmere – mehr als auf dem Schilthorn – mittendrin: da die Tiefen des Mittellandes, hier wir, dort die Höhen der Viertausender. Dazwischen: 3500 Höhenmeter.

Nur: Wie kommt der Panoramawanderer am besten zur Schwalmere? Der Weg von Isenfluh über die Lobhornhütte ist recht lang, und vom Schilthorn her – ja, warum nicht vom Schilthorn her? Zwar gibt es da keinen

Links: Blick zurück von der Schwalmere

Rechts: Immer im Blick: Eiger, Mönch, Jungfrau.

eigentlichen Wanderweg, Wegspuren müssen genügen. Entsprechend braucht diese Unternehmung stabiles Wetter, gutes Schuhwerk und Trittsicherheit. Aber eigentlich schwierig ist die Überschreitung der Chienegg und des Drättehorns bei guten Verhältnissen nicht – mit «guten Verhältnissen» ist unter anderem gemeint, dass kein Schnee mehr liegt. Zudem bietet sie einen weiteren Panoramagenuss der Extraklasse.

Die erste und steilste Schlüsselstelle befindet sich gleich zu Beginn der Tour, beim Abstieg zum Chilchfluepass. Bis unter die Chilchflue geht das gut, dann jedoch ist zum ersten Mal voller Stockeinsatz gefordert. Denn die Wegspur, die steil durch die Dreckflanke hinunterführt, ist ordentlich schmal. Weiter geht es dann luftig und locker auf einem aussichtsreichen Grat bis unter das Drättehorn. Dieses umgeht man auf der linken Seite und findet auf der Westseite des Berges eine Schuttflanke vor, die problemlos zu bewältigen ist. Das wäre also geschafft, der Aussichtsgenuss ist total, aber nun, wie weiter? Es hilft, auf dem Rücken wieder etwas abzusteigen. Bald findet sich eine Möglichkeit, in die geröllübersäte Mulde vor dem Hohganthorn abzusteigen. Noch ein paar Meter Schutttraverse, und schon steht man auf der Schwalmere.

Die Strecke bis zur Seilbahn Isenfluh lässt sich im Abstieg deutlich leichter bewältigen als im Aufstieg. Der Weg ist bezeichnet, die Richtung klar. Noch einmal geht es dabei bergauf, auf die Lobhörner, noch einmal geniesst man den Rundumblick, bevor man ins Sulstal abtaucht. Falls man jetzt schon etwas spät dran ist, bietet sich eine Übernachtung auf der Lobhornhütte an, die auf hungrige Gäste wartet. Man kann die Sache aber auch durchziehen und befindet sich eine gute Stunde später am Ziel.

Charakter
Zwischen Wanderung und Bergtour, munter von Gipfel zu Gipfel.

Schwierigkeit
Über weite Strecken T3, kurze Passagen T4.

Höhendifferenz
700 m Aufstieg, 2100 m Abstieg

Wanderzeit
7–8 Std.

Route
Vom Schilthorn zuerst auf gut gesichertem Bergweg bis zur Senke vor der Chilchflue. Von dort auf Wegspuren die steile Nordflanke hinunter zu einer Ebene und von dort leicht aufsteigend nordwärts zum Chilchfluepass (2454 m). Nordwärts auf dem Grat weiter bis unter das Drättehorn. Dieses westwärts umgehen und auf der Westseite über eine geröllige Flanke zum Gipfel (2793 m). Auf dem Westrücken wieder einige Meter absteigen, dann nordwärts hinunter zu einem Geröllfeld, auf dem man unter dem Hohganthorn hinübertraversiert zu einer Senke, von der man auf gutem Weg zur Schwalmere (2777 m) gelangt. Zurück in die Senke, dann auf bezeichnetem Weg nordostwärts über den Grat und mit einer Gegensteigung zu den Lobhörnern. Östlich unter den Lobhörnern hindurch, dann hinunter ins Sulstal. Ab Suls (1900 m) den Wanderwegbezeichnungen in Richtung Sulwald folgend zur Seilbahn Sulwald–Isenfluh.

Variante
Von Suls Abstecher zur Lobhornhütte, dort übernachten (minus 400 m Abstieg, minus gut 1 Std.).

Ausgangspunkt
Schilthorn (2970 m). Anreise mit der SBB bis Interlaken Ost, mit der Jungfraubahn bis Lauterbrunnen, mit dem Postauto bis zur Talstation Stechelberg, dann in drei Sektionen mit der Seilbahn via Mürren zum Schilthorn (Gipfelrestauration, www.schilthorn.ch).

Endpunkt
Sulwald (1528 m). Rückreise mit der Seilbahn hinunter nach Isenfluh (www.isenfluh.ch), mit dem Postauto bis Lauterbrunnen, mit der Jungfraubahn nach Interlaken Ost.

Unterkunft und Verpflegung unterwegs
Lobhornhütte (1954 m), 24 Schlafplätze, geöffnet von Juni bis Oktober (Telefon 079 656 53 20, www.lobhornhuette.ch)

Karten
Landeskarte 1:25 000, 1228 Lauterbrunnen, 1248 Mürren
Landeskarte 1:50 000, 254 Interlaken, 264 Jungfrau

Wasserspiel am Wegrand bei Sulwald.

Von der Schwalmere aus rückt der Thunersee ins Blickfeld.

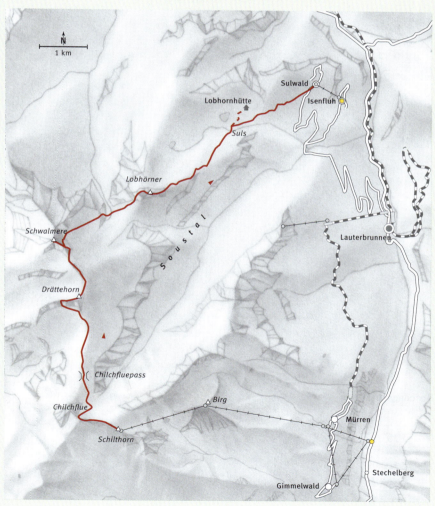

155

Vom Niederhorn zur Waldegg

Wellen aus Stein

Die Entstehung der Alpen ist eine komplexe Sache: Faltungen, Hebungen, Überschiebungen, Abtragungen und Gletscherflüsse haben in Jahrmillionen eine unübersichtliche Landschaft geformt. Anders ist dies oberhalb von Beatenberg am Thunersee. Hier sieht man zwei Gratzüge aus Kalk, die vom Druck aus Süden wie Wellen aneinandergereiht wurden. Wer auf diesen Wellen surfen will, lässt sich mit der Seilbahn auf das Niederhorn hinauftragen – und schaut sich dort erst einmal richtig um. Alles, was in der Berner Hochalpenwelt Rang und Namen hat, ist aus der Ferne sichtbar. Unten liegt der Thunersee in tiefem Blau, und gegen Westen hin erkennt man hinter dem Sigriswilgrat das Mittelland. Natürlich gäbe auch der Sigriswilgrat eine Panoramawanderung her. Interessant dabei ist das Schafloch: ein Tunnel, in dem man das Sigriswiler Rothorn unterqueren kann.

Hier zwischen dem Niederhorn und dem Gemmenalphorn ist alles etwas bequemer und einfacher. In leichtem Auf und Ab zieht sich der Güggisgrat kilometerlang nach Nordosten hin. Von Zeit zu Zeit ist ein kleiner, von Berganemonen umgebener Tümpel in eine Senke eingelassen, in dessen Wasser sich Eiger, Mönch und Jungfrau spiegeln. Und immer wieder hört man in den steilen Flanken, die ins Justistal abstürzen, ein leises Knirschen und Poltern. Wenn man genau hinschaut – es lohnt sich, auf diese Tour einen Feldstecher mitzunehmen –, wird man vielleicht Zeuge des übermütigen Spiels zweier junger Steinböcke am Rand des Abgrunds. Die älteren Tiere lassen sich sogar von ganz nah bestaunen und gern fotografieren. Wenn dabei das Sonnenlicht kurz aussetzt, ist das nicht unbedingt die Schuld vorüberziehender Wolken. An Tagen mit guter Thermik ist das Gebiet auch bei Gleitschirmfliegern und Deltaseglern sehr beliebt.

So geht das bis zum Gemmenalphorn, wo man nochmals hinunterblickt zu einem Einschnitt, der wie eine Sichel geformt ist und darum auch so heisst, und ins Justistal, bekannt durch die jahrhundertealte Tradition der Justistaler Chästeilet. Da könnte man jetzt natürlich auch hinunterstreben und auf einer der Alpen ein kräftiges Stück Alpkäse erwerben. Wir beschränken uns hier jedoch auf eine leichte Tour – die Original-Höhenwanderung vom Niederhorn zur Waldegg wäre sogar noch kürzer und zweigt schon vor dem Burgfeldstand zur Chüematte ab. Dort führt uns der Weg vom Gemmenalphorn auch vorbei und leitet dann durch lichte Wälder zum Zielort.

Links: Gemütlich und aussichtsreich unterwegs.

Rechts: Die Steinböcke lassen sich nicht aus der Ruhe bringen.

Charakter
Eine Gratwanderung für jedermann – und was für eine Aussicht!

Schwierigkeit
T1–T2. An den wenigen exponierten Stellen sind Seilsicherungen angebracht.

Höhendifferenz
120 m Aufstieg, 850 m Abstieg

Wanderzeit
3 Std.

Route
Vom Niederhorn auf gut markiertem, teilweise ausgesetztem Bergweg mit Seilsicherungen über den Burgfeldstand (2063 m) zum Gemmenalphorn (2061 m). Vom Gipfel einige Hundert Meter weiter nordwärts hinunter bis zur Weggabelung bei P. 1862. Von dort südwärts weiter absteigend via Oberberg (1816 m) zur Chüematte (1691 m). Von dort weiter nach Waldegg (Postauto-Haltestelle).

Ausgangspunkt
Niederhorn (1933 m). Anreise mit der SBB bis Interlaken West, mit dem Postauto bis Beatenberg (Variante: mit Bus oder Schiff von Thun zur Beatenbucht, dann mit der Drahtseilbahn nach Beatenberg). Von Beatenberg mit der Seilbahn zum Niederhorn (Telefon 033 841 08 41, www.niederhorn.ch, www.beatenberg.ch).

Endpunkt
Waldegg (1229 m), Haltestelle Beatenberg, Waldegg. Rückreise mit dem Postauto nach Interlaken West (SBB-Anschluss).

Unterkunft und Verpflegung unterwegs
Restaurant mit Übernachtungsmöglichkeit auf dem Niederhorn (Telefon 033 841 11 10, www.niederhorn.ch)

Karten
Landeskarte 1:25 000, 1208 Beatenberg
Landeskarte 1:50 000, 254 Interlaken

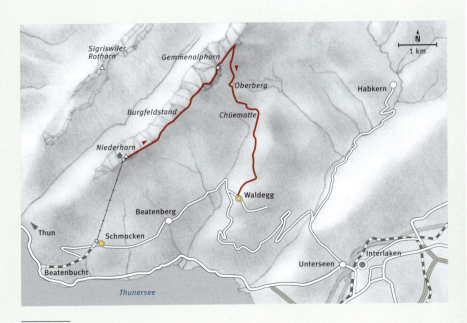

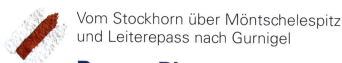

Vom Stockhorn über Möntschelespitz
und Leiterepass nach Gurnigel

Berner Platte

Sie wünschen sich eine Wanderung, die alles bringt, was Panoramawanderer schätzen? Bitte, hier ist sie. Erfreulich ist nur schon der Beginn: Wer verschmäht schon einen Znüni-Kaffee auf der Panoramaterrasse des Stockhorns? Hier zeigt sich alles, was in den Berner Alpen Rang und Namen hat, vom Eiger über Jungfrau, Blüemlisalp und Balmhorn bis zum Wildstrubel. Dazwischen leuchtet der Thunersee, und in der Ferne erkennt man die Jurahöhen.

Dass das Stockhorn selbst schon eine wundervolle Wanderwelt hergibt, ist allgemein bekannt. Aber jetzt wollen wir in die Ferne schweifen, über sieben Hügel bis zum Gantrisch. Auf dem Stockhorn überblickt man den Verlauf der Tour aufs Beste: Sie führt den Kalkriegel zwischen Möntschelespitz und Gantrisch entlang ziemlich genau westwärts, um dann beim Leiterepass nordwärts abzutauchen. Noch sind wir aber nicht so weit. Zuerst halten wir an der Startrampe für Gleitschirmflieger vorbei zur Fluhkante am Westgrat des Stockhorns. Hier schwenken wir spitzwinklig nach Norden und fragen uns: Da sollen wir hinunter, und das ohne Gleitschirm? Dank einem gut ausgebauten Wanderweg ist das kein Problem, obwohl es zu Beginn doch ordentlich steil zur Sache geht.

Bald sind wir unten bei der Oberi Walalp. Dort führt der bekannte und viel begangene Höhenweg weiter direkt in Richtung Gantrisch. Mutige

Blick vom Leiterepass zum Stockhorn im Hintergrund.

Panoramawanderer jedoch nehmen den Bergweg nordwärts hinauf zum Walalpgrat und setzen an zu einer Gratwanderung, die zwar exponiert, aber nie gefährlich ist. Ganz zu Beginn markiert eine alte Schweizer Fahne die «Chatz», die sich sogar erkraxeln lässt. Weiter führt der Weg zum Möntschelespitz, mit einer kurzen Steilstufe ganz am Schluss. Wer also das Dauerpanorama in sich aufnehmen will, bleibt am besten stehen und versucht nicht, wanderderweise Hans Guck-in-die-Luft zu spielen. Das gilt auch für den weiteren Übergang zur Homad, von der wir über den Homadsattel auf die Südseite absteigen und schon bald in die «Ameisenpiste» des Stockhorn-Gantrisch-Höhenwegs einmünden.

Unter der Chrummfadeflue traversierend, gelangen wir schon bald zum Leiterepass. Nun, wo wir schon alpinwandermässig unterwegs sind, drängt sich ein Abstecher hinauf zum Gantrischgipfel auf. Wiederum steil, aber an sich ungefährlich führen Wegspuren nach oben, wo zum letzten Mal an diesem Tag eine umfassende Rundsicht wartet. Wie ein erhobener Zeigefinger mahnt im Osten das Stockhorn, und wir wundern uns, wie weit wir doch in gut drei Wanderstunden gekommen sind. Gegen Westen hin grüssen die Freiburger und Waadtländer Alpen, gegen Norden ist es einfach nur flach. In diese Richtung lassen wir uns schliesslich treiben, hinunter zum Gurnigel. Dort wartet das Postauto für die Rückkehr. Ausser man hat noch im Schwefelbergbad gebucht, einem Erstklasshaus, mit Dinner for two und einer der täglich frischen Naturfangopackungen aus der eigenen Schwefelquelle. Warum auch nicht?

Charakter
Eine Panorama-Bergwandertour der Superlative, jedoch im oberen Schwierigkeitssegment.

Schwierigkeit
T3. Der Abstieg vom Stockhorn erfordert Schwindelfreiheit, ebenso der Schlussaufstieg zum Möntschelespitz.

Wanderzeit
Mit Abstecher zum Gantrisch 5–6 Std.

Höhendifferenz
1500 m Abstieg, 700 m Aufstieg

Route
Vom Stockhorngipfel einige Meter hinunter gegen den Westgrat (Strüssligrat), dann aber scharf nordwärts in die Nordflanke, durch die man auf gutem Weg absteigt und via Baachegg zur Obere Walalp gelangt. Von dort hinauf zum Walalpgrat (P. 1809). Immer den Grat entlang via Möntschelespitz (2021 m) zur Homad (2076 m). Von dort Abstieg in den Homadsattel (1960 m) und nach Süden bis knapp über die Waldgrenze, wo man in den Höhenwanderweg zum Leiterepass einmündet. Vom Leiterepass (1905 m) auf Wegspuren Abstecher zum Gantrisch (2176 m). Wieder zurück zum Leiterepass und auf breitem Wanderweg nordwärts hinunter nach Gurnigel Wasserscheide.

Variante
Ab Obere Walalp auf dem Höhenweg bleibend direkt zum Leiterepass (T2, minus 200 m Auf- und Abstieg, minus ¾ Std.).

Ausgangspunkt
Stockhorn (2190 m). Anreise mit der SBB bis Spiez, mit der BLS bis Erlenbach, mit der Seilbahn auf das Stockhorn (Gipfelrestaurant auf dem Stockhorn, www.stockhorn.ch).

Endpunkt
Gurnigel, Postauto-Haltestelle Gurnigel, Wasserscheide (1584 m). Rückreise mit dem Postauto nach Schwarzenburg oder Thurnen, mit der S-Bahn nach Bern (SBB-Anschluss).

Unterkunft und Verpflegung unterwegs
Alpwirtschaft bei Obernünene, geöffnet Juni bis Oktober

Hinweis
Bei militärischen Schiessübungen ist der Weg teilweise gesperrt. Die Umleitung ist markiert (¾ Std. zusätzliche Wanderzeit). Auskunft über den Schiessbetrieb unter Telefon 058 464 25 25.

Karten
Landeskarte 1:25 000, 1206 Guggisberg, 1207 Thun
Landeskarte 1:50 000, 253 Gantrisch

Der Gantrischgipfel.

Das Stockhorn, im Hintergrund rechts die Eiger-Nordwand.

Von Betelberg über Stübleni und Rothorn
zum Lauenensee

Im Land der Hore

Iffighore, Mittaghore, Schnidehore, Niesehore, Hahnenschritthore, Follhore, Spitzhore, und über allen thront das Wildhore. Hörner also, so weit das Auge reicht (die meisten davon schreibt sogar die Landeskarte als Hore). Und das Auge reicht tatsächlich ziemlich weit, vor allem wenn man auf dem Rothorn steht. Es heisst Rothorn wegen des roten Mergelgesteins, das in der Flanke zutage tritt. Vom Rothorn sieht man nicht nur die besagten Hörner-Kollegen. Man sieht die Waadtländer Alpen, man sieht den Wildstrubel, und man sieht auch den Lauenensee. Sie erinnern sich an die Berner Mundart-Rockband Span mit dem Evergreen «I weiss no guet, wo'n i ar Sunne bi gsässe, wit awäg vom Lärm vo de Stadt, i weiss no guet, wie'n i ha chönne vergässe, dert hinger bim Louenesee»? Eine Stadt ist hier tatsächlich unsichtbar weit weg, höchstens der Nobelkurort Saanen lässt sich im Hintergrund erahnen. Sonne gibt es viel am Rothorn, und Ruhe auch, mal abgesehen vom Kuhglockengebimmel im Abstieg via Tungelpass und Chüetungel, bevor dann der Weg steil durch eine Fluh hinunter zum Lauenensee führt. Da dominiert dann nicht mehr das Kuhglockengebimmel, sondern wildes Bachrauschen.

Zum Rothorn gelangt man übrigens über das Weisshorn. Obwohl das Weisshorn nicht Weisshorn, sondern Stübleni heisst. Aber eigentlich müsste es Weisshorn oder doch wenigstens Weisshubel heissen, wegen der skurrilen Gipsformationen und tiefen Krater, die hier das Landschaftsbild prägen. Das Wasser, so belehren die Informationstafeln, löst den Gips langsam, aber sicher auf. Dadurch entstehen – ähnlich wie beim Kalk, aber gehäufter – diese kraterförmigen Einsackungen. Zum Stübleni seinerseits kommt man von der Gondelbahn-Bergstation Betelberg her, wo noch mehr von diesen Informationstafeln stehen. Denn es gibt da einen Murmeli-Trail, einen Luchs-Trail, einen Alpenblumen-Weg und einen Zen-Weg. So kann von Glück reden, wer sich ob der vielen verlockenden Themenangebote überhaupt vom Betelberg distanzieren und loswandern kann. Noch dazu, wo ganz in der Nähe noch andere Versuchungen locken: Schon bald nach Abmarsch leuchtet es im Spätsommer blau von den Stauden unter und über dem Weg. Heidelbeeren überall, und die Menschen gehen achtlos an ihnen vorbei.

Wie oft lohnt es sich also auch hier, trotz des Wildhorn- und Wildstrubel-Panoramas, trotz der vielen zu bestaunenden Hore und Hörner den Blick nicht nur in die Ferne zu richten, sondern auch die Schönheiten am Wegrand wahrzunehmen. Das ist übrigens eines der Privilegien, die der Wanderer gegenüber dem Biker hat – für den Buchautor relevant genug, um auf das Biken ganz zu verzichten.

Links: Auf dem Stübleni.

Rechts: Auf dem Weg von der Bergstation Betelberg zum Stüblenipass.

Charakter
Leichte Bergwanderung mit kurzer Trail-Passage und Panoramaeffekt.

Schwierigkeit
T2. Gute Schuhe empfohlen (Ausrutschgefahr auf Kalk und Gips).

Wanderzeit
3½–4 Std.

Höhendifferenz
500 m Aufstieg, 1100 m Abstieg

Route
Vom Betelberg entlang der grünen Spezialwegweiser (Stübleni-Rundtour) in leicht kupiertem Gelände zum Stüblenipass (zuvor kurzer Abstecher zum Stübleni, 2108 m). Nun weglos über den Südrücken hinauf zum Rothorn (2276 m). Vom Rothorn direkt südwärts hinunter zum Tungelpass (2085 m). Nun rechts haltend hinunter in die Mulde Stieretungel. Der Weg trifft bei der Alp Chüetungel (1786 m) auf den Tungelbach. Den folgenden Wasserfall umgeht man in steilen Kehren. Unten auf einem Strässchen zum Gasthaus beim kleinen Lauenensee.

Variante
Statt über das Rothorn ostwärts auf Wanderweg direkt zum Tungelpass (eventuell zu empfehlen, falls Vieh auf dem Rothorn weidet).

Ausgangspunkt
Betelberg (1943 m), Bergstation der Gondelbahn Lenk–Betelberg. Anreise mit der SBB nach Bern, mit der BLS nach Zweisimmen, mit der MOB bis Lenk. Vom Bahnhof Lenk rund 15 Gehminuten zur Gondelbahnstation, in Betrieb von Mai bis Oktober (im Berghotel Leiterli auf dem Betelberg Restaurant mit Massenlager, Doppel- und Familienzimmer, Telefon 033 736 30 00, www.huettenzauber.ch).

Auf dem Weg von der Bergstation Betelberg zum Stüblenipass.

Endpunkt
Lauenensee (1380 m), Bushaltestelle. Rückreise mit dem Bus nach Gstaad, mit der MOB nach Zweisimmen, mit der BLS nach Bern (SBB-Anschluss).

Unterkunft und Verpflegung unterwegs
Alp Steinstoss, wenig abseits der Wanderroute nach dem Leiterli (Verpflegung)
Restaurant Lauenensee, Telefon 033 765 30 62, www.lauenensee.net

Karten
Landeskarte 1:25 000, 1246 Zweisimmen, 1266 Lenk
Landeskarte 1:50 000, 263 T Wildstrubel

Blick vom Chüetungel hinunter zum Lauenensee.

 Von der Engstligenalp über den Ammertenspitz zum Hahnenmoospass

Anschnallen, bitte!

Der Wildstrubel ist natürlich ein Panoramaberg der Superlative. Nur ist er leider für uns Panoramawanderer unerreichbar, da der Weg über Gletscher führt – Gletscherüberquerungen sind in diesem Buch tabu. Wenn wir uns umschauen, wo in der Nähe des Wildstrubels Panorama-Feeling abzuholen wäre, stossen wir bald auf den Ammertenspitz. Zugegeben, Richtung Süden steht der Wildstrubel dem Ammertenspitz mächtig im Weg. Das ist aber nicht tragisch, denn auch der Einblick in die schroffen Kalkflühe der Nordwand, aus dem sich in diesen Jahren die letzten Firnreste verabschieden, ist spannend. Angesichts der drei flachen Gipfelkalotten des Wildstrubels fragt man sich, warum dieser Berg so heisst, denn es gibt kaum einen flacheren Mehr-als-Dreitausender in der Schweiz als den Wildstrubel.

Aber lassen wir das und wenden unseren Blick von der einnehmenden Wildstrubelwand ab. Da liegt uns die Welt zu Füssen: Das Engstligental mit Adelboden gibt dem Simmental mit der Lenk gerade unterhalb des Ammertenspitz beim Hahnenmoospass die Hand. Weiter weg grüssen die Gipfelkränze von den Diablerets über die Diemtigtaler Berge bis zur Blüemlisalp. Aufgestiegen ist man am besten frühmorgens von der Engstligenalp, einem riesigen Amphitheater in knapp 2000 Meter Höhe. Schön, dort schon am Vorabend einzutreffen und die Weite dieser Hochebene in sich aufzunehmen. Von da geht es zuerst flach, dann etwas steiler zum Ammertenpass. Alles kein Problem, auch nicht der Katzensprung zum Ammertenspitz.

Dann aber geht es doch ziemlich steil zur Sache. Oben wird mit einer Tafel vor den Gefahren des Aeugi-«Alpinsteigs» gewarnt. Der Name ist gut gewählt. Es ist kein normaler Wanderweg, aber auch kein Klettersteig, sondern ein teilweise rutschiger Gratweg, der aber mit Ketten und Treppen bestens abgesichert ist. Trotzdem: Bergschuhe sind hier Pflicht, Schwindelfreiheit und Trittsicherheit empfohlen. Die Bewertung pendelt je nach Verhältnissen zwischen T3 und T4, ein gutes T3 bei Trockenheit, ein T4 bei Nässe.

Das Schöne an dieser Tour: Nach der Aeugi-Mutprobe geht es panoramamässig weiter, am Rägeboldshorn vorbei zum Hahnenmoospass. Für viele wird das als Tagwerk reichen. Wer sich noch auslaufen möchte, kann die Panoramatour weiter fortsetzen, über den Laveygrat zur Standhütte und von dort weiter über den Grat bis zum Sillerebühl. Den Rest der Geschichte übernehmen dann Gondelbahnen und Busse.

Links: Wolken brodeln über dem Hahnenmoospass und dem Ammertenspitz.

Rechts: Das Teilstück zwischen Ammertenspitz und Bummeregrat gilt als Alpinwanderweg.

Charakter
Der Aeugi-Alpinsteig befindet sich am oberen Limit dessen, was als «Bergwanderung» noch durchgeht – also aufpassen. Der Rest ist purer Panoramagenuss.

Schwierigkeit
Der Aeugi-Alpinwanderweg ist zwischen T3 (beste Verhältnisse) und T4 anzusiedeln, der Rest T2–T3.

Höhendifferenz
800 m Aufstieg, 800 m Abstieg

Wanderzeit
4–5 Std.

Route
Von der Engstligenalp zuerst flach, dann zunehmend steiler auf gutem Bergweg südwestwärts hinauf zum Ammertenpass (2443 m). Auf kurzem Bergrücken zum Ammertenspitz (2613 m). Nun auf dem Aeugi-Alpinwanderweg in der Nordwestflanke des Ammertenspitz hinunter zum Bummeregrat (2150 m) und am Rägeboldshorn vorbei zum Bummerepass (2055 m). Auf dem Wanderweg hinüber zum Hahnenmoospass.

Variante
Vom Hahnenmoospass weiter nordwärts hinauf zur Sesselbahnstation Laveygrat (2194 m). Von dort wieder absteigend zum Nordostrücken, der zum Sillerebühl (1973 m) führt. Mit der Gondelbahn nach Adelboden (www.vogellisiberg.ch, plus 250 m Auf- und Abstieg, plus 1–1½ Std.).

Ausgangspunkt
Engstligenalp (1965 m). Anreise mit der SBB nach Bern, mit der BLS nach Frutigen, mit dem Bus via

Im Rücken des Ammertenspitzes erhebt sich das Wildstrubelmassiv.

Adelboden bis Adelboden, Unter dem Birg (Seilbahnstation). Auffahrt mit der Seilbahn zur Engstligenalp, die über zwei Berghotels und eine Gruppenunterkunft in der Sennhütte verfügt (Engstligenalp Tourismus, Telefon 033 673 22 91, www.engstligenalp.ch).

Endpunkt
Hahnenmoospass (1950 m). Rückreise mit Gondelbahn und Bus nach Adelboden (Informationen zu den Bergbahnen Adelboden–Hahnenmoos–Sillerebühl unter www.vogellisiberg.ch). Von Adelboden mit dem Bus nach Frutigen, mit der BLS nach Bern (SBB-Anschluss).

Unterkunft und Verpflegung unterwegs
keine

Karten
Landeskarte 1:25 000, 1247 Adelboden
Landeskarte 1:50 000, 263 T Wildstrubel

Ohne diese Treppen gäbe es hier einiges zu klettern.

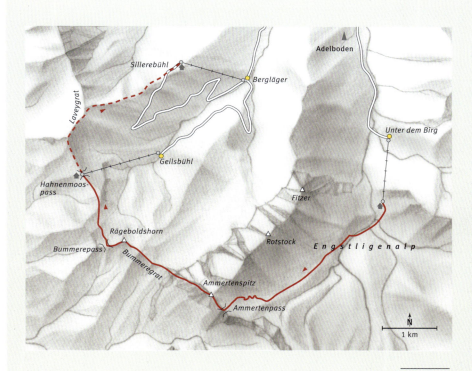

Von Sunnbüel über den Üschenegrat
und den Engstligengrat zur Engstligenalp

Schön alpin

«Panorama» heisst ja oft: oben sein und runterschauen. Bei dieser Tour ist das ein bisschen anders – da geht es eher darum, rüberzuschauen. Denn auf dem Üschenegrat ist man mittendrin in den Berner Alpen. Man merkt: Sie bestehen nicht nur aus Eiger, Mönch und Jungfrau. Da gibt es noch anderes zu sehen. Zum Beispiel den Altels mit seinem pyramidenförmigen, 1800 Meter hohen Plattenschuss. Das ist derselbe Höhenunterschied wie bei der Eiger-Nordwand, nur dass sich die Altelsplatte viel formschöner zeigt.

Es lohnt sich also, mit dem Altels auf Tuchfühlung zu gehen. Das macht man am besten vom Üschenegrat aus. Dort sieht man noch mehr: das ganze Gemmi-Gebiet bis hinüber zur Lohner-Gruppe, den Bunderspitz und die Berner Voralpen. Vor allem aber hat man das Gefühl, sich auf einer Kanzel zu bewegen, drei Kilometer lang, vom Gällihorn bis zum Schwarz-

Links: Eindrücklich: Blick auf die Plattenschüsse des Altels.

Rechts: Auf dem Üschenegrat.

grätli. Zuerst gilt es jedoch, den Aufstieg zum Gällihorn zu meistern. Er ist steil, teilweise rutschig und deshalb ein guter Gradmesser für die ganze Tour. Wer da also oben ist, braucht nichts mehr zu befürchten. Denn die Traverse nach dem herrlichen Üschenegrat beim Schwarzgrätli ist gut gesichert, und auch der weitere Weg geht nicht über ein T3 hinaus.

Über einem Karsee hindurch bewegt man sich auf den zweiten Grat zu, der auf dem satten Tagesprogramm steht: der Engstligengrat. Man erreicht ihn über Wegspuren im Geröll zwischen dem Chindbettihorn und dem Tschingellochtighorn und setzt dann an zum zweiten Panoramaritt des Tages. Jetzt ist es der Wildstrubel, der die Szenerie beherrscht, und die Hochebene der Engstligenalp. Unten in sattem Grün sieht man Adelboden, gegenüber den Ammertenspitz. Aber auch der Blick zurück ist interessant: Man erkennt ein typisches Gletschervorland mit einem kreisrunden Karsee, umgrenzt von Bergkuppen, die vor allem im Winter beliebte Gipfelziele abgeben.

Zugegeben: Wer unten auf der Engstligenalp angekommen ist, weiss, was er oder sie gemacht hat. Deshalb wollen wir die Kurzvariante der Unternehmung nicht verschweigen. Sie führt nach dem Üschenegrat direkt hinunter zum Berghotel Schwarenbach. Ein kühles Bier oder eine währschafte Suppe auf der Terrasse, dazu wieder der Altelsblick – das tönt doch schon anders in den Ohren von Panorama-Genusswanderern. Man darf ruhig geniessen, denn der Rückweg zum Sunnbüel ist kurz und leicht und führt durch eine Hochebene von einer Schönheit, wie sie in der Schweiz nur selten anzutreffen ist. Dutzende von Rinnsalen mäandrieren in einem riesigen Flussbett, Seelein liegen verborgen hinter Bergföhren. Was gibt es Schöneres, um den Tag ausklingen zu lassen?

Charakter
Eine spannende alpine Bergwanderung für gehobene Ansprüche.

Schwierigkeit
T3. Der freiwillige Schlussaufstieg auf das Gällihorn ist T4.

Höhendifferenz
900 m Aufstieg, 1000 m Abstieg

Wanderzeit
6–7 Std.

Route
Von Sunnbüel nordwärts absteigend zur Winteregghütte (1888 m). Von dort in steilen Kehren um das Gällihorn herum. Der Schlussaufstieg auf den Gipfel (2284 m) ist fakultativ, da der Bergweg unterhalb des Gipfels zum Üschenegrat weiterführt. Nach der Wyssi Flue (2472 m) führt der Weg westwärts unter einer Felswand hindurch (Schwarzgrätli, Seilsicherung) und führt hinunter auf eine Karebene. Auf deren anderen Seite hinauf zum Engstligengrat. Auf dem Engstligengrat nordwärts zum Tschingellochtighorn (2735 m) und von dort westwärts über den Ärtelegrat zügig hinunter zur Engstligenalp.

Variante
Von der Wyssi Flue auf bezeichnetem Bergweg Direktabstieg zum Berghotel Schwarenbach. Von dort auf breitem Wanderweg über die Spittelmatte nach Sunnbüel (minus 300 m Aufstieg, minus 400 m Abstieg, Gesamtzeit 5 Std.).

Ausgangspunkt
Sunnbüel (1934 m). Anreise mit SBB und BLS über Spiez nach Kandersteg, mit Seilbahn nach Sunnbüel (Telefon 033 675 80 80, www.kandersteg.ch).

Endpunkt
Engstligenalp (1965 m). Rückreise mit Seilbahn und Bus nach Adelboden. Von Adelboden mit dem Bus nach Frutigen, mit der BLS nach Bern (SBB-Anschluss).

Unterkunft und Verpflegung unterwegs
Berghotel Schwarenbach (2060 m), bewartet von März bis Oktober (Telefon 033 675 12 72, www.schwarenbach.ch)

Karten
Landeskarte 1:25 000, 1267 Gemmi
Landeskarte 1:50 000, 263 T Wildstrubel

Gällihorn, von der Allmenalp aus gesehen.

Das Weiss auf dem Chindbettipass kontrastiert mit den grünen Matten der Engstligenalp.

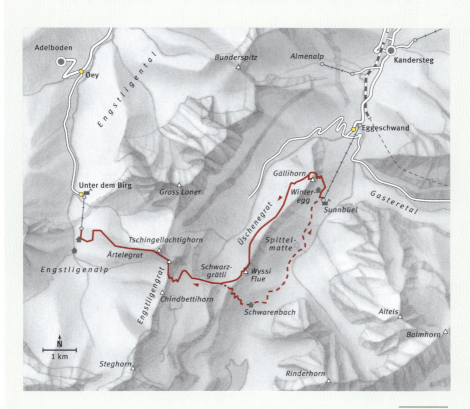

Vom Gornergrat hat man freien Blick ins Monte-Rosa-Gebiet. Links Nordend und Dufourspitze, rechts der Liskamm.

Wallis und Waadt

Rundwanderung zum Sidelhorn ab Grimselpass

Im Gletschergarten

Es stimmt: Der Gletschergarten ist in Luzern. Dort sieht man, was der Gletscher auf seinem Grund zurückgelassen hat. Wer aber die Gestaltungskraft der Gletscher im Gebirge erleben will, ist im Grimsel-Gebiet goldrichtig. Nur schon der Pass selbst – im Fachjargon der Geologen «Transfluenzpass» genannt – zeigt lehrbuchmässig, was man in der Gletscherkunde lernt. Man sieht Rundhöcker, man sieht Schliffspuren auf dem Granit, man sieht Seelein in Mulden, die durch die Kraft der Gletscher ausgehobelt wurden. Das geht so bis hinauf auf eine Höhe von rund 2600 Metern. Dann wird der Fels plötzlich scharfkantig. Das bedeutet: Die Schliffgrenze ist erreicht.

Wer an die Schliffgrenze gehen und diese überwinden will, wird vom Grimselpass das Sidelhorn anpeilen. Aber auch wenn man geologisch uninteressiert ist, bietet sich diese Wanderung an. Denn das Sidelhorn ist einer der wenigen Gipfel, von denen man mit den Viertausendern des Berner Oberlands auf Tuchfühlung gehen kann, ohne selbst zu Pickel und Steigeisen greifen zu müssen. Sogar das Matterhorn zeigt sich im Hintergrund. Näher dran ist man jedoch auf der anderen Seite, an den Berner Oberländer Eisriesen. In der Verlängerung des Grimsel-Stausees schweift der Blick entlang des Unteraar- und Lauteraargletschers, um dann am Bächistock, am Hienderstock und ganz zuhinterst an Lauteraarhorn und Schreckhorn hängen zu bleiben. Verdeckt wird diese Sicht einzig vom Oberaarhorn, in dessen Verlängerung der höchste Berner Gipfel, das Finsteraarhorn, sichtbar ist. Über das Oberaarjoch und über den Lauteraargletscher kommen sie also, die Alpinistinnen und Alpinisten, müde, aber erfüllt von grossen klassischen Bergfahrten. Aber auch gegen Osten hin zeigen sich Gipfel von Rang und Namen, allen voran der Galenstock, aber auch das Gross Muttenhorn und der Pizzo Rotondo. So umfasst das Panorama Gipfel der Kantone Uri, Bern, Wallis und Tessin – eine grosse Panorama-Ausbeute für eine vergleichsweise bescheidene Wanderleistung.

Von der Grimsel-Passhöhe führt ein gut markierter Wanderweg via Husegghütte auf einem von Felsblöcken durchsetzten Grat in die Nordflanke des Sidelhorns. Von dort noch einige Zickzackkehren, und man steht oben auf dem Gipfel. Bald und leicht ist man auf der anderen Seite abgestiegen zur Triebtenseelücke, um nun wahlweise auf der Nord- oder Südseite kurz abzusteigen und dann wieder dem Grimselpass zuzustreben. Hier kehrt man ein im Hospiz, das vor nicht allzu langer Zeit den Säumern Obdach bot, die vor allem Sbrinzkäse von Stansstad über den Brünig nach Meiringen und über den Grimsel ins Oberwallis transportierten und von da über den Griesspass ins Pomatt und nach Domodossola.

Links: Auf dem Sidelhorn.

Rechts: Das Sidelhorn und der Grimselpass, aus der Vogelperspektive gesehen.

Charakter
So einfache Panoramatouren auf dieser Höhenlage sind in der Schweiz selten.

Schwierigkeit
T2. Gutes Schuhwerk empfohlen.

Höhendifferenz
600 m Auf- und Abstieg

Wanderzeit
3 Std.

Route
Auf gut markiertem Weg von der Passhöhe an der Husegghütte (2441 m) vorbei direkt über den Ostgrat, am Schluss durch leichtes Blockgelände, zum Gipfel des Sidelhorns (2764 m). Abstieg westwärts zur Triebtenseelücke (2639 m). Von dort auf der nördlichen Seite unter dem Sidelhorn hindurch zurück zum Grimselpass.

Variante
Der Abstieg von der Triebtenseelücke ist auch über die Südseite möglich (gleiche Schwierigkeit, gleiche Höhendifferenz, gleiche Zeit).

Ausgangs- und Endpunkt
Grimselpass (2164 m). An- und Rückreise mit der SBB nach Luzern, mit der Brünigbahn bis Meiringen, mit dem Postauto bis Grimsel Passhöhe (zwei Berghäuser auf der Passhöhe).

Unterkunft und Verpflegung unterwegs
keine

Karten
Landeskarte 1:25 000, 1250 Ulrichen
Landeskarte 1:50 000, 265 Nufenenpass

Vom Eggishorn zum Bettmerhorn

Die Tour mit dem Paukenschlag

Sie kennen vielleicht die «Sinfonie mit dem Paukenschlag» von Joseph Haydn. Interessanterweise ist die Sinfonie weniger bekannt als die Redewendung «mit dem Paukenschlag». Sie wird dann verwendet, wenn man so überrascht wird, dass einem der Mund offen steht. So einen Moment erlebt man auf dem Gipfel des Eggishorns, den man von der Bergstation der Eggishorn-Seilbahn unschwierig in gut einer halben Stunde erreicht.

Da liegt er wie ein riesiger Teppich, der Grosse Aletschgletscher, gesäumt von den schwarzen Streifen zweier Mittelmoränen. Sie reichen nordwärts bis zum Konkordiaplatz, der grössten Gletscherebene des Landes am Zusammenfluss von Ewigschneefäld, Jungfraufirn und Grossem Aletschfirn. Dem Eggishorn gleich gegenüber mündet der Mittelaletschgletscher in den 24 Kilometer langen Eisstrom, und über diesem Eiszubringer thront das fast 4200 Meter hohe Aletschhorn. Klar: Auf dem Aletschhorn stehend, wäre man vollends Teil der Berner Oberländer Eiswelt. Vom Eggishorn auf der Krete Richtung Bettmerhorn hinuntersteigend, ist man jedoch ebenfalls nahe dran – auf Wegen, die man mit Wanderschuhen begehen kann, geht es nicht näher. Da und dort muss man zwar auf diesem mit Granitblö-

Der Klassiker unter den Panoramablicken: der Grosse Aletschgletscher.

cken durchsetzten Grat ein kleines Hindernis übersteigen. Die exponierten Stellen sind jedoch gut mit Stahlseilen gesichert. Die Wanderung bewegt sich zudem auf klar bezeichneten Pfaden und bietet, gute Verhältnisse vorausgesetzt, keine übermässigen Schwierigkeiten.

Trotzdem, mit T4 muss man diese Überschreitung bewerten. Der Lohn für den Mut, sich für einmal dem oberen Limit der Wanderskala zu nähern, ist ein Dauerpanorama vom Jungfrau-Massiv über Aletschhorn, Finsteraarhorn, Eiger, Mönch und Wannenhorn bis zur Mischabel-Gruppe, zum Matterhorn und zum Mont Blanc. Dazu 89 Quadratkilometer Eis, von dem eine trügerische Ruhe ausgeht. Unter der eleganten Oberfläche rumort es nämlich gewaltig, schiebt sich doch diese riesige Eismasse jährlich rund 100 Meter zu Tal. Der menschliche Betrachter sieht davon nichts. Nur von Zeit zu Zeit deutet ein Knacken und Rumpeln im Innern des Eises an, welche immensen Kräfte hier am Werk sind.

So ist es eigentlich schade, nach der Überschreitung des Bettmerhorns gleich wieder ins Tal zu gondeln. Besser wandert man auf dem Gratrücken weiter. Denn da gelangt man innerhalb des Unesco-Weltnaturerbes der Aletschregion zu einem sehenswerten Bergurwald-Naturreservat, bestanden von uralten, knorrigen Arven und Lärchen. Die ältesten dieser Nadelbäume zählen mehr als 800 Jahre. Auch an ihnen lässt sich die Gewalt der Natur ablesen. Viele Wipfel sind gebrochen, oft wurde der Stamm geteilt. Dicke Äste breiten sich aus und biegen sich nach oben, um den Stamm zu ersetzen. Abgestorbene Baumstämme vermodern und bilden die Grundlage zukünftigen Wachstums. Im Unterholz entdeckt man zwischen Alpenrosen und Heidelbeeren über ein Dutzend verschiedene Weidenarten, und mit etwas Glück lassen sich gar Schneehühner und Turmfalken beobachten. Diesem Naturreservat angegliedert ist zudem am Ende der Panoramatour ein Naturschutzzentrum in der herrschaftlichen Villa Cassel.

Charakter
Einer der bekanntesten Wanderwege der Hochalpen. Zuerst alpin, dann subalpin.

Schwierigkeit
T3, einige Stellen T4

Höhendifferenz
300 m Aufstieg, 600 m Abstieg

Wanderzeit
3–4 Std.

Route
Von der Station Eggishorn über einen Treppenweg auf das Eggishorn (2926 m) und zurück. Unter dem Fiescherhorli hindurch zum Gratrücken, der hinunterführt zur Elselicka (2722 m). Von dort auf gut bezeichnetem und gesichertem Alpinwanderweg

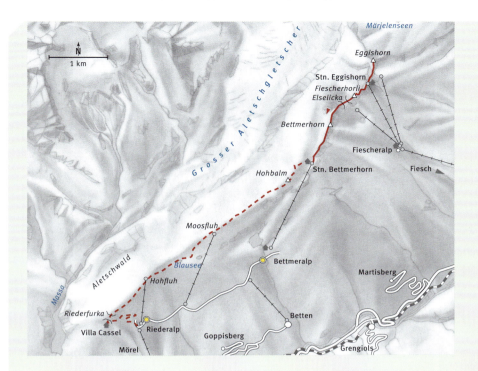

über das Bettmerhorn (2858 m) zur Station Bettmerhorn.

Variante
Auf gut bezeichneten Wegen in derselben Richtung weiter via Moosfluh (2334 m) und Hohfluh (2227 m) zur Villa Cassel. Von dort auf Wanderweg zur Riederalp (T2, plus 100 m Aufstieg, plus 800 m Abstieg, plus 3 Std.).

Ausgangspunkt
Station Eggishorn (2869 m). Anreise mit der MGB bis Fiesch, mit der Seilbahn via Fiescheralp zur Station Eggishorn (Telefon Bahn 027 928 41 41, www.aletscharena.ch). Verpflegungskiosk bei der Station Eggishorn.

Endpunkt
Station Bettmerhorn (2647 m). Rückreise mit der Seilbahn (www.aletscharena.ch) via Bettmeralp nach Betten (MGB-Anschluss).

Unterkunft und Verpflegung unterwegs
Restaurants bei der Bergstation Bettmerhorn und an der Riederfurka

Hinweis
Das Naturschutzzentrum Villa Cassel ist Mitte Juni bis Mitte Oktober geöffnet und beherbergt eine Ausstellung sowie einen Alpengarten (Telefon 027 928 62 20, www.pronatura-aletsch.ch).

Karten
Landeskarte 1:25 000, 1269 Aletschgletscher
Landeskarte 1:50 000, 264 Jungfrau

Die Kioskhütte bei der Bergstation Eggishorn.

Vom Simplonpass nach Rosswald
Über den Wäldern

Es ist wenig überraschend, dass Panoramawege meist über der Waldgrenze angelegt sind. Interessant aber sind Wege, die nur knapp oberhalb der Waldgrenze verlaufen. Dann hat man beides: lebendige Natur und Panorama-Feeling. Einer dieser Wege startet bei der Galerie Schallbett einige Hundert Meter unter dem Simplonpass. Am besten begeht man ihn im September, wenn sich die knorrigen Lärchen schon gelb verfärbt haben. Bald ist man froh, dass die Wanderung bis nach Rosswald von der Länge her moderat bemessen ist. Denn schon im Gebiet Rothwald/Wintrigmatte wird man von prall behangenen Heidelbeerstauden ausgebremst. An schönen Wandertagen sieht man hier gar manchen Rucksack verwaist im Buschgras liegen, während der Eigentümer desselben weitab in den Stauden kauert und die wertvollen Beeren in irgendein verfügbares Gefäss kullern lässt. Die Heidelbeeren sind dafür geeignet, denn sie überstehen auch längere Transportwege, ohne sich in Matsch zu verwandeln.

Aber wir sind ja nicht nur wegen der Heidelbeeren hier, sondern auch wegen der Aussicht. Diese geniessen wir immer wieder und dann vor allem auf dem aussichtsreichen Adlerhorst der Bortelhütte. Gleichsam aus dem Hinterhalt schauen wir hinunter ins Rhonetal und hinüber zum Bietschhorn. Unten im Talgrund führt der Stockalperweg bergan, ein Saumweg, der im 17. Jahrhundert von Kaspar Jodok von Stockalper zu einer beliebten Handelsroute ausgebaut wurde. Hier oben jedoch, bei der Bortelhütte, wurde eine andere Geschichte geschrieben. In den Kriegsjahren diente dieses Haus des Skiklubs Simplon den Grenzsoldaten als Refugium.

Nun liegt das anstrengendste Stück des Weges hinter, aber immer noch ein gutes Stück vor uns. Es ist ein typischer Höhenweg in einem südlichen Ambiente, mit viel Feuchtigkeit und groben Granitblöcken. Gegenüber grüsst das Spitzhorli, ein ebenfalls aussichtsreiches Gipfelziel, das vom Simplonpass aus vor allem auch im Winter mit Skiern oder Schneeschuhen oft begangen wird. Und jetzt, wo wir uns von der Flanke des Wasenhorns und des Bortelhorns gelöst haben, steht diese abweisende Bergkette in voller Mächtigkeit vor uns. Man möchte meinen, diese Felsbarriere wäre Grenze genug gewesen und es hätte nicht noch der menschlichen Grenzsicherung bedurft.

Erst ganz zuletzt, bei Rosswald, kommt schliesslich auch noch das Fletschhorn ins Blickfeld und komplettiert eine Rundsicht, die so ziemlich das ganze Wallis mit einschliesst. Hier lässt es sich trefflich dinieren, bevor wir mit der Seilbahn nach Brig hinunterruckeln.

Links: Je näher man der Bortelhütte kommt, desto mehr rückt die Simplonpassstrasse in die Ferne.

Rechts: Bei der Bortelhütte.

Charakter
Variantenreiche alpine Höhenwanderung mit einem steten Auf und Ab.

Schwierigkeit
Im Wesentlichen T2, einige Stellen T3. Mit gutem Schuhwerk problemlos.

Höhendifferenz
700 m Aufstieg, 800 m Abstieg

Wanderzeit
4–5 Std.

Route
Von Schallbett durch Lärchenhaine hinauf zur Bergstation des Rothwald-Skilifts. Auf eher breiten Wegen wieder hinunter nach Honegga (2018 m). Nach einer Traversepassage am Waldrand in etwas wilderem Gelände Aufstieg zur Bortelhütte. In leichtem Auf und Ab via Steinutal und Gantertal nach Rosswald.

Ausgangspunkt
Schallbett (1933 m). Anreise mit der BLS nach Brig, mit dem Postauto Richtung Simplonpass bis Schallbett (Restaurant bei Schallbett).

Endpunkt
Rosswald (1819 m). Rückreise mit der Seilbahn nach Ried-Brig, mit dem Bus nach Brig, Bahnhof (BLS-Anschluss).

Unterkunft und Verpflegung unterwegs
Bortelhütte (2107 m), bewartet von Anfang Juni bis Ende September, Telefon 027 924 52 10, www.bortelhuette.ch
Restaurants und Hotels in Rosswald, www.rosswald.ch

Karten
Landeskarte 1:25 000, 1289 Brig, 1290 Helsenhorn
Landeskarte 1:50 000, 274 Visp

Über dem Simplonpass thront das Fletschhorn.

Blick hinab auf Brig im Rhonetal.

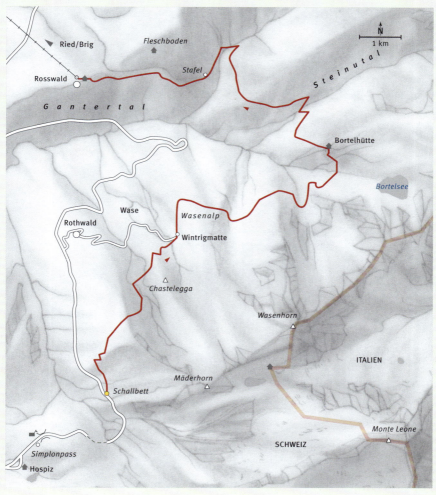

Von Hohtenn nach Visp

Die Südrampe

Die Lötschberg-Südrampe ist ein Begriff. «Die faszinierende Vielfalt von Flora und Fauna begeistern jeden Naturfreund immer wieder von Neuem. Staunen Sie über die verwegenen Wasserleitungen, Suonen genannt, die typischen dunklen Walliserhäuser und die zahlreichen Zeugen der örtlichen Kultur. Auch die Eisenbahnfreunde kommen voll auf ihre Rechnung. Hohe Viadukte wechseln mit zahlreichen Tunnel und kühn an die Bergflanke angelegten Abschnitten – Meisterwerke des Bahnbaus im frühen 20. Jahrhundert.» So wirbt der Prospekt für den Wanderweg die Lötschberg-Südrampe entlang.

Tatsächlich: Schon ganz zu Beginn ist der Weg aus dem steilen Felscanyon herausgehauen, sodass man die kühne Linienführung der Bahn und deren kunstvolle Brücke bestaunen kann. Dabei handelt es sich um nichts anderes als das 28 Kilometer lange Trassee der alten, dampfbetriebenen Baubahn, die als Zubringer zu den Tunnel- und Viaduktbaustellen diente. Zehn grosse Brücken gibt es, wobei das 136 Meter lange Bietschtalviadukt von 125 000 Nieten zusammengehalten wird. Dazu kommen 34 Tunnel, 1100 Schutzmauern und Lawinenschutzbauten und 10 Millionen Bäume, die nach der Eröffnung im Juni 1913 längs der Strecke gepflanzt wurden.

Die Aussicht gilt auf dieser Strecke also sicher einmal der historischen Bahnstrecke, die für den Regionalverkehr immer noch in Betrieb ist. Da gibt es aber auch viele aussichtsreiche Rastpunkte. Vor allem der Adlerhorst beim Riedgarto bietet einen umfassenden Tiefblick hinunter ins Rhonetal. Gleich gegenüber schwingt sich die Bergkette des Mattertales immer weiter himmelwärts. Zuerst noch braun Augstbordhorn und Schwarzhorn, dann firnumkränzt Stellihorn und Barrhorn, bevor Bis- und Weisshorn für den Höhepunkt dieser berühmten Bergkette sorgen, die sich dann weiterzieht über das Zinalrothorn und das Obergabelhorn bis an den Fuss des Matterhorns.

Beeindruckend ist auch die artenreiche Vegetation. Die Steppenrasen im Wallis gehören zu den pflanzenreichsten Gebieten der Schweiz. Überall duftet es nach Harz, Sanddorn und Wacholder. Ähnliche Trockenrasen findet man nur in anderen inneralpinen Trockentälern wie beispielsweise dem Vinschgau oder dem Aostatal. Und trocken ist es hier meistens. Und auch heiss. Da kann ein kleines Rinnsal nicht schaden, das über weite Strecken den Weg entlang verläuft. Es handelt sich dabei um eine Suone, wie

Links: Das Bietschtalviadukt wird durch 125 000 Nieten zusammengehalten.

Rechts: das Bietschtalviadukt.

sie im Wallis oft anzutreffen sind. Denn um das Land ausreichend mit Wasser zu versorgen, hatten die Walliser ein Bewässerungssystem geschaffen, das uns heute noch ihre Leistung bewundern lässt.

Steil ist das Gelände, steil sind auch die Dörfer entlang der Lötschberg-Südrampe angelegt. Einen Halt verdient dabei Ausserberg mit dem alten Ortskern, wo alte Walliser Bauernhäuser zu bewundern sind. Viele besteigen hier wieder den Zug. An dieser Stelle sei aber empfohlen, den genussreichen Wandertag noch etwas in die Länge zu ziehen. Denn da wartet ja noch das Baltschiederviadukt, und der Abstieg via Eggerberg nach Visp rundet den Tag aufs Schönste ab.

Oft verläuft der Weg den alten Suonen entlang.

Hier folgt der Wanderweg dem Trassee der Lötschtal-Bergstrecke.

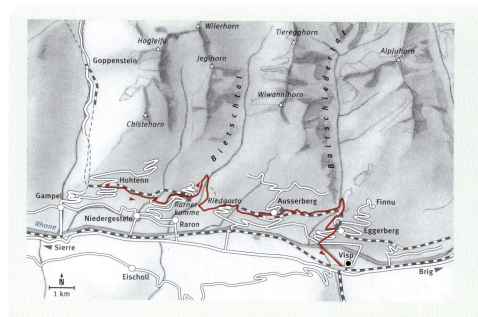

Charakter
Ein komplettes Wandererlebnis auf einer Route, auf der man selten allein ist.

Schwierigkeit
T2

Höhendifferenz
100 m Aufstieg, 600 m Abstieg

Wanderzeit
5–6 Std.

Route
In Hohtenn auf Teersträsschen bis zur Abzweigung «Lötschberg-Südrampe», dann kurz steil hinauf zum Bahngeleise, an dem man zunächst entlangwandert. Dann teils an Suonen Abstecher ins Lüegilchi und dann zum Aussichtspunkt Brägji (1015 m). Bei der Rarnerkumme (1006 m) steigt man wieder auf Gleishöhe an. Auf breitem Weg, teils durch Tunnel, zur Eisenbahnbrücke über den Bietschbach; von dort zum Aussichtspunkt Riedgarto (947 m). Weiter wiederum entlang einer lauschigen Suone nach Ausserberg (1008 m). Von Ausserberg via Baltschiederviadukt nach Eggerberg (1017 m). Dort den Südrampenweg verlassend und die Kehren der Zufahrtsstrasse abkürzend nach Visp.

Ausgangspunkt
Station Hohtenn (1077 m). Anreise mit der BLS von Brig oder Kandersteg.

Endpunkt
Visp (651 m, SBB-Anschluss).

Unterkunft und Verpflegung unterwegs
Chrüterbeizli Rarnerchumma, geöffnet während der offiziellen Freigabe des BLS-Höhenwegs, etwa von Ostern bis Mitte November, Telefon 078 600 80 00, www.rarnerchumma.ch
Je zwei Hotel-Restaurants in Ausserberg und Eggerberg

Karten
Landeskarte 1:25 000, 1288 Raron
Landeskarte 1:50 000, 274 Visp

Vom Gornergrat zur Roten Nase und zurück zum Rotenboden

Welt der Gletscher

Wer mit einem Fotoapparat zum Gornergrat hinauffährt, braucht ein Stativ oder ein Fischaugenobjektiv. Denn auf ein Normalformatbild bringt man den fantastischen Rundblick nicht, den man von hier geniesst. Matterhorn, Breithorn, Liskamm, Dufourspitze, Zinalrothorn, Obergabelhorn – es steht da nicht nur alles, was in den Schweizer Alpen Rang und Namen hat, es ist auch umgeben von Eisströmen, die den Panoramagenuss perspektivisch in die Länge ziehen.

Der folgende Vorschlag ist sozusagen eine Genussverlängerung. Dabei beschränken wir uns nicht auf die Normalroute dem Bahntrassee nach zum Rotenboden, sondern möchten doch noch die eine oder andere Variante ins Spiel bringen. Es lohnt sich nämlich, von der Gornergrat-Bahnstation einfach den Grat entlang weiterzusteigen. Zuerst ist der Weg gut, dann wird er immer steiniger. Und wenn kein Schnee in den Runsen liegt, kann man über Stock und Stein weiterwandern bis zur Roten Nase. Von

Auf dem Weg vom Gornerli zum Rotenboden.

Links: Vom Gornergrat weitet sich der Blick zum Triftgletscher.

hier führen Wegspuren weiter zum Stockhorn, und mit etwas Kraxelgeschick gelangt man auch dorthin. Dass am Wegrand von der Wintersaison her da und dort etwas Zivilisationsmüll herumliegt, nimmt man in Kauf.

Ob Rote Nase oder Stockhorn: Nirgends sonst in der Schweiz kann man wanderderweise auf dieser Höhe so nah an eine so umfassende Gletscherwelt herankommen wie hier. Vom Stockhorn sieht man sogar direkt ins Nährgebiet des Gornergletschers beim lang gezogenen Weissgrat zwischen der Dufourspitze und der Cima di Jazzi. Da ist es nur logisch, dass der Wunsch aufkeimt, hinunterzusteigen in die Nähe dieses Eisflusses. Tatsächlich gibt es einen Weg, der am Gornergrat – nicht allzu weit von der Bahnstation entfernt – ansetzt und in engen Kehren in die Flanke oberhalb der Seitenmoräne hinunterführt. Er ist zwar etwas steil und rutschig, aber umso schneller ist man unten beim Punkt 2695, wo der alpine Steig zum Gornergletscher abzweigt und man schon ein wenig den Gletscherwind spürt.

Zum Dessert dieser unvergesslichen Tour schlendert man dann auf dem Panoramaweg nach Westen, direkt zum Riffelsee. Sanft ansteigend erhöht man sich langsam über den Gletscher und bewundert die Pflanzen, die in diesem unwirtlichen Gelände ihre Nischen finden und in bunten Farben aufblühen. Dabei sei verraten, dass bei genauem Hinschauen sogar Edelweisse zu entdecken sind. Der Riffelsee mit dem Postkartenblick zum Matterhorn – von hier aus präsentiert sich diese Pyramide, die eigentlich ein gigantischer Schutthaufen ohne wirklich festen Fels ist, von seiner schönsten Seite – ist dann nichts mehr weiter als ein letzter Glanzpunkt auf einer Wanderung, die wirklich alles hat erfahren lassen, was das Hochgebirge an Schönheit bieten kann.

Bekanntes Fotosujet: der Riffelsee.

Auf dem Weg vom Gornergrat zur Roten Nase.

Charakter
Sehr eindrückliche Wanderung mitten im Hochgebirge.

Schwierigkeit
T2–T3

Höhendifferenz
400 m Aufstieg, 650 m Abstieg

Wanderzeit
5 Std.

Route
Von der Bergstation Gornergrat den Hohtälligrat entlang bis Hohtälli (3275 m) und weiter bis zur Roten Nase (3251 m). Zurück bis zu P. 3095 (Abzweigung Gornerli). Zunächst steil, dann immer moderater hinunter bis zur Verzweigung (P. 2695). Nun nach Westen auf den Höhenweg zum Riffelsee (2757 m) einschwenken. Kurz hinauf zur Station Rotenboden.

Varianten
Von der Roten Nase weiter bis zum Stockhorn (T5–, 200 m Auf- und Abstieg, ca. 1½ Std.).
Für Familien direkt vom Gornergrat zum Rotenboden (T1, 1 Std.).
Vom Riffelsee weiter abwärts bis Riffelberg (T1, plus ½ Std.).

Ausgangspunkt
Gornergrat (3090 m). Anreise mit der MGB ab Brig oder Visp bis Zermatt, mit der Gornergratbahn bis Gornergrat (Kulmhotel Gornergrat, www.gornergrat-kulm.ch; Telefon 027 966 64 00, www.matterhorn-group.ch; diverse Unterkünfte und Hotels in Zermatt).

Endpunkt
Rotenboden (2815 m). Rückreise mit der Gornergratbahn nach Zermatt.

Unterkunft und Verpflegung unterwegs
keine

Karten
Landeskarte 1:25 000, 2515 Zermatt–Gornergrat
Landeskarte 1:50 000, 284 Mischabel

Die Maighelshütte – letzter Teehalt vor dem Piz Cavradi.

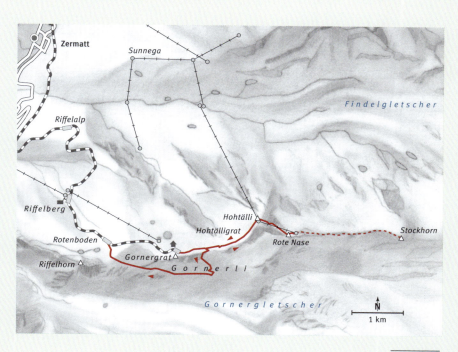

Rundwanderung zum Augstbordhorn ab Moosalp

Wallis total

Das Augstbordhorn ist ein Klassiker – und dies zu Recht. Denn die Rundsicht ist phänomenal. Sie hat vor allem zwei Namen: Weisshorn und Bietschhorn. Vom Gipfel des Augstbordhorns sieht man über das Bishorn direkt auf den Nordgrat des Weisshorns – eine messerscharfe Klippe, deren Überschreitung beste Voraussetzungen verlangt. Das Bietschhorn hingegen erscheint als fast vollkommene Pyramide, oben meist überzuckert und, obwohl nicht ganz 4000 Meter hoch, für viele die Königin der Berge. Es wird vor allem von der Lötschentaler Seite her begangen. Da sind aber auch das Matter- und das Saastal, die sich vom Augstbordhorn her zeigen, und natürlich das Walliser Haupttal, von dem alle Bergträume ausgehen.

Besonders schön ist, dass das Augstbordhorn Wander- und Gipfeltour zugleich ist. Trotz seiner stattlichen Höhe von 2973 Metern kann man diesen Gipfel von der Moosalp her unschwierig erreichen. Die 950 Höhenmeter sind überwindbar, und der Weg über den Grat ist so unschwierig wie aussichtsreich.

Natürlich könnte man vom Augstbordhorn hinüberwechseln zum Dreizehntenhorn, von dem man einen noch direkteren Einblick in den Weisshorn-Aufstieg hat. Das ergibt dann aber alles in allem eine lange und relativ alpine Tour. Trotzdem besteht eine Alternative für all jene, die nicht wieder auf demselben Weg absteigen wollen: Nehmen Sie einfach den direkten Ostsüdostgrat. Vorbei an Felsblöcken und schönen Matten gelangen Sie zum äussersten Punkt des Grates, von dem man steil, aber gefahrlos ins Törbeltälli absteigen kann. Sie werden allein sein auf dieser Route – allein auch mit dem Tiefblick ins Mattertal. Und allein mit den Bergdohlen, die Ihnen die Wurstzipfel von Ihrem Picknickbrot stibitzen.

Eine andere Variante ist, nach dem March Violenhorn auf dem Nordgrat abzusteigen. Im Blickfeld bleibt das unübertrefflich schöne Bietschhorn, die Bodendeckerpflanzen leuchten zudem in allen Farben. Entweder gelangt man so durch Arven- und Tannenwälder direkt hinunter zur Sesselbahnstation Brandalp mit dem heimeligen Gasthaus, in dem es sich auch gut logieren lässt. Oder man zweigt bei Oberes Gibidum ostwärts ab und gelangt auf einem wunderschönen, in der Baumkampfzone angelegten Panoramaweg zurück zur Moosalp.

Links: Das Weisshorn macht seinem Namen alle Ehre.

Rechts: Auf dem Gipfel des Augstbordhorns.

Charakter
Unterhaltsame Gratwanderung mit ausgezeichneter Rundsicht.

Schwierigkeit
T2, wenige Stellen T3

Höhendifferenz
950 m Auf- und Abstieg

Wanderzeit
5–6 Std.

Route
Der Bergweg führt von der Moosalp gut bezeichnet direkt über den Grat zum March Violenhorn (2876 m) und von dort südwärts zum Gipfel. Für den Abstieg empfiehlt sich die direkte Route über den Ostsüdostgrat. Wegspuren führen bis zum äussersten Punkt, von dem wiederum Wegspuren durch steiles Schrofengelände hinunter ins Törbeltälli führen. Auf Alpstrasse zurück zur Moosalp.

Varianten
Abstieg über March Violenhorn und Nordgrat (Hienergrätli) via Gibidum (2039 m) zur Brandalp (1595 m), Bergstation der Sesselbahn nach Unterbäch (T2, ab Augstbordhorn 1400 m Abstieg, 3 Std.).

Abstieg über March Violenhorn und Hienergrätli, bei Oberes Gibidum ostwärts auf Bergweg abzweigen, der in stetem Auf und Ab zurückführt zur Moosalp (T2, ab Augstbordhorn 1100 m Abstieg, 200 m Aufstieg, 3½–4 Std.).

Ausgangs- und Endpunkt
Moosalp (2048 m). An- und Rückreise mit der SBB bis Visp, mit dem Postauto bis Moosalp (Achtung, nur wenige Kurse, Fahrplan beachten).

Unterkunft und Verpflegung unterwegs
Hotel Restaurant Alpenrösli (1595 m) auf der Brandalp, Telefon 027 934 22 12, www.brandalp.ch

Karten
Landeskarte 1:25 000, 1288 Raron, 1308 St. Niklaus
Landeskarte 1:50 000, 274 Visp

Von Ferne grüsst das Bietschhorn.

Rechts: Im Abstieg vom Augstbordhorn zum Schwarzhorn.

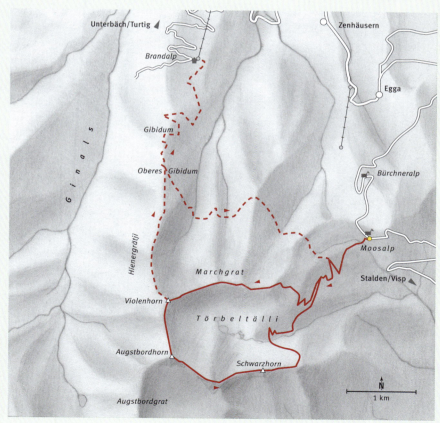

Von der Crêt du Midi nach Grimentz

Die Feldstechertour

Der Höhenweg von Vercorin über die Crêt du Midi nach Grimentz verbindet zwei malerische Dörfer des Val d'Anniviers und bietet eine der schönsten und aussichtsreichsten Wanderungen im Mittelwallis. Man lässt es sich dabei gern gefallen, dass von Vercorin eine Seilbahn in zwei Sektionen auf die Crêt du Midi führt, wo der eigentliche Weg beginnt. Immer wieder sieht man die eine oder andere Viertausenderspitze hervorlugen. Mehr aber schweift der Blick hinüber zur Alp- und Gratlandschaft zwischen Bella Tola und den Diablons. Und wer die Wanderung von St-Luc nach Zinal schon gemacht hat, kann sie nun von der anderen Talseite aus bestens nachvollziehen: Das Hotel Weisshorn hockt gerade gegenüber auf seinem Adlerhorst, und wenn man einen guten Feldstecher hat, sieht man die Bergwanderer, die auf dem Alpenpässeweg oder dem Fernwanderweg von Zermatt nach Chamonix mit Sack und Pack über den Meidpass kommen. Ebenfalls ins Blickfeld gerät unweigerlich auch das Weisshorn, gut erkennbar am markanten Gendarmen auf dem Nordgrat. Dahinter schliessen sich das Zinalrothorn und das Obergabelhorn an. Sie alle gehören geologisch gesehen zur Weisshorndecke, die – im Gegensatz etwa zum Matterhorn – besten Fels zum Klettern bietet.

Auf dieser Wanderung ist Klettern jedoch kein Thema – ausser vielleicht man gönnt sich den Abstecher hinauf zur La Brinta. Da gibt es am Schluss tatsächlich eine kleine Kette, die über den letzten Felsblock hinaufhilft zum Gipfel. Hier sieht man das Panorama ergänzt mit der Dent Blanche, die im Jahr 1862 von englischen Alpinisten erstbestiegen wurde. Aber auch der Tiefblick ins einsame Val de Réchy ist eindrücklich, und hinter dem Bishorn schaut auch noch ein bisschen das Matterhorn hervor. Darob geht oft vergessen, den Blick auch nach Norden zu wenden. Da erscheint über dem Walliser Haupttal der ganze Gipfelkranz von den Diablerets bis zum Galenstock im Miniformat. Wieder ist es gut, wenn man den Feldstecher zücken und auf dem Handy den «Peakfinder» aktivieren kann.

Nicht nur die Wanderung selbst ist aussichtsreich, auch der Start- und Zielort sind sehenswert. Da die Dörfer des Val d'Anniviers, darunter auch Vercorin und Grimentz, erst relativ spät mit guten Strassen erschlossen wurden, sind sie in ihrer ursprünglichen Form erhalten geblieben. Interessant ist auch, dass bei Grimentz das Tal noch nicht zu Ende ist. Es teilt sich dort erst: Rechts blickt man hinauf zur Staumauer des Lac de Moiry, links führt das Haupttal weiter bis Zinal. Dann, hinter Zinal, ist aber bald einmal Schluss mit Wandern, ausser man begnügt sich mit dem Besuch der Tracuit-, der Arpitettaz- oder der Mountethütte.

Links: In die Nähe gerückt: das Zinalrothorn.

Rechts: Blick ins Val d'Anniviers.

Charakter
Aussichtsreiche Höhenwanderung mit Blick ins Turtmann-Gebiet.

Schwierigkeit
T2

Höhendifferenz
750 m Abstieg

Wanderzeit
3 Std.

Route
Von der Crêt du Midi unter dem Ostkamm der La Brinta hindurch zur Alp Orzival (2042 m). Unter dem Roc d'Orzival weiter auf dem Höhenweg bis Grimentz.

Variante
Man kann die La Brinta (2660 m) den Kamm entlang besteigen und von dort zur Ebene von Orzival absteigen. Vom Gipfel herrliche Rundsicht in die Walliser Alpen (T2, 300 m Aufstieg, plus 1 Std.).

Ausgangspunkt
Crêt du Midi (2331 m). Anreise mit der SBB nach Sierre, mit dem Postauto nach Vercorin, mit der Gondelbahn auf die Crêt du Midi (durchgehend in Betrieb von Mitte Juli bis Mitte September, an den Wochenenden bereits von Anfang Juli bis Anfang Oktober). Auf der Crêt du Midi Restaurant mit Massenlager (46 Schlafplätze), Telefon 027 452 29 00.

Endpunkt
Grimentz (1564 m). Rückreise mit dem Postauto über Vissoie nach Sierre (SBB-Anschluss).

Unterkunft und Verpflegung unterwegs
keine

Karten
Landeskarte 1:25 000, 1307 Vissoie
Landeskarte 1:50 000, 273 Montana

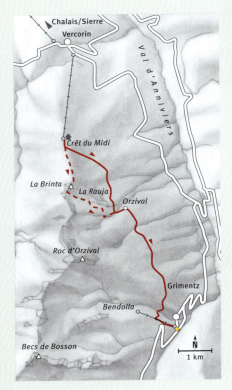

Oben: Auf La Brinta. Ganz im Hintergrund zeigt sich das Matterhorn.

Unten: Ineinander verschachtelte Chalets in Grimentz.

Vom Col de la Forclaz über den Mont de l'Arpille nach Ravoire

Bonjour Mont Blanc

Da ist er also leibhaftig, der breite Bärenrücken des Mont Blanc. Vom Gipfel des Mont de l'Arpille sieht man direkt auf die früher übliche Aufstiegsroute. Sie führte unter dem Felssporn im Gletscher hindurch zur Grands-Mulets-Hütte, die unten auf dem Felssporn aufsitzt. Von dort ging man – bevor der zunehmende Eisschlag dies zu gefährlich werden liess – in einem breiten Gletscherkorridor aufwärts und in einer weit ausholenden Rechtsschlaufe hinauf zum Hochplateau mit dem Refuge Vallot (das man heute vom Refuge du Goûter her erreicht). Der Schlussgrat ist weder steil noch gefährlich, aber stellt mit 400 Höhenmetern auf dieser Höhenlage die Kondition jedes Bergsteigers auf eine harte Probe.

Man sieht aber nicht nur den Mont Blanc. Auch im Westen erkennt man einen Bergkranz. Nur ist dieser für Schweizerinnen und Schweizer gänzlich unbekannt. Zum Glück steht da eine Panoramatafel und klärt auf: Weit reicht der Stausee von Emosson hinein ins Vallon de Barberine,

Links:
Die Wanderung steht im Zeichen des Mont-Blanc-Massivs.

Rechts: Blick vom Mont de l'Arpille nach Martigny.

überragt vom Mont Ruan und der Tour Sallière. Kaum jemand wagt sich in dieses Gebiet hinein, denn die Wege sind steil und lang. Und doch ist auch das ein Stück Schweiz, das eine Entdeckung lohnen würde. Gegen Norden hin wird die Aussicht etwa vertrauter. Unten erkennt man das Knie von Martigny, an das sich das Rhonetal in seiner ganzen Länge anschliesst. Gegenüber bauen sich der Grand Muveran und die Dents de Morcles auf, und hinten erkennt man die Dents Blanches.

Warum der Mont de l'Arpille praktisch unbekannt ist, wissen die Götter. Wohl kaum ein anderer Aussichtsberg inmitten des Hochgebirges ist so leicht erreichbar wie er. Man muss nur von Martigny mit dem Postauto zum Pass La Forclaz fahren, und schon befindet man sich gut 500 Höhenmeter unter dem Gipfel. Dieser ist mit 2085 Metern nicht sehr hoch, aber ausreichend hoch, um baumfrei zu sein. Die Vegetation ist hier sowieso spannend: Da es im Trient mehr regnet als im Rhonetal, hat sich die Natur auf dieser Seite des Passes anders eingerichtet als dort, wo der Bergrücken gegen Martigny hin abfällt.

Wer nicht vom Col de la Forclaz direkt und steil zum Gipfel gelangen will, kann auch einen gemütlicheren Weg wählen, der durch kühlen Wald hinaufführt zur Hochebene der Alp L'Arpille und von dort auf einem kurzweiligen, wenn auch etwas steinigen Weg hinauf zum Gipfelrücken, der – wenn man denn Kinder und Zeit und Lust hat – ein ideales Tummelfeld für Versteckspiele hergibt. Hinunter geht es dann auf der anderen Seite wiederum auf guten Wegen hinunter zur Streusiedlung von Ravoire, die bekannt ist für ihren Holzofenweg und sogar mit einer Postautolinie erschlossen ist.

Da zeigt er sich, der Mont Blanc.

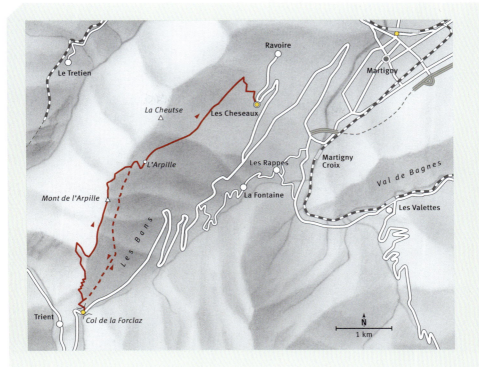

Charakter
Kurzweilige Bergwanderung zu einem unbekannten, aber fantastischen Aussichtspunkt.

Schwierigkeit
T2

Höhendifferenz
550 m Aufstieg, 900 m Abstieg

Wanderzeit
3½–4 Std.

Route
Vom Col de la Forclaz entweder auf steilem Bergweg oder flacher via L'Arpille (Wanderwegzeichen beachten) auf den Mont de l'Arpille (2085 m). Hinunter über L'Arpille (1816 m) auf dem Wanderweg oder der Alpstrasse nach Ravoire/Les Cheseaux.

Variante
Rundwanderung zum Col de la Forclaz: Vor der Alp L'Arpille südwärts auf bezeichnetem Wanderweg zurück zum Col de la Forclaz (T2, minus ½ Std.).

Ausgangspunkt
Col de la Forclaz (1527 m). Anreise mit der SBB bis Martigny, mit dem Postauto bis Col de la Forclaz (Restaurant auf dem Col de la Forclaz).

Endpunkt
Ravoire (1067 m). Rückreise mit dem Postauto bis Martigny (SBB-Anschluss).

Unterkunft und Verpflegung unterwegs
keine

Karten
Landeskarte 1:25 000, 1324 Barberine, 1325 Sembrancher
Landeskarte 1:50 000, 282 Martigny

Von Grand Paradis über die Portes du Soleil nach Morgins

Auf dem GR 5 zu den Portes du Soleil

Zuerst wurden sie belächelt, die Pioniere, die quer durch Europa Fernwanderrouten signalisierten. Jetzt lächelt niemand mehr, seit man weiss, dass einige von diesen Routen richtige Geldmaschinen sind. Die Wertschöpfung zum Beispiel des Jakobswegs ist enorm. Aber auch andere Routen haben den Durchbruch geschafft. Zwei davon sind die Via Alpina, die in 161 Etappen durch acht Alpenländer von Monaco nach Triest führt, und der GR 5 mit der Teilstrecke der Grande Traversée des Alpes (GTA), die von Nizza bis zum Genfersee die französischen Alpen durchmisst. Dieser GR 5 ist so bekannt, dass man den Begriff GR sogar hat schützen lassen.

Es gibt einen Ort in der Schweiz, wo sich diese beiden Routen treffen. Das ist der Col de Cou an der Grenze zuhinterst im Val d'Illiez. Wer sich an einem Tag auf beiden Routen bewegen will, der startet bei der Haltestelle Grand Paradis hinter Champéry und läuft eine Alpstrasse hoch zu den Alpen von Barme. Nach dem hektischen Ausflugsrestaurant trifft man auf die Via Alpina, der man über drei ruhige Wanderkilometer zum Col de Cou folgt. Dort übernimmt nun der GR 5, der hier zudem mit dem Alpenpässeweg von SchweizMobil parallel läuft, und führt über die Portes du Soleil nach Morgins.

Am Col de Cou beginnt auch die Panoramastrecke. Als Kulisse dient dabei das Massiv der Dents Blanches, an dem man nun gleichsam auf der anderen Talseite entlangwandert. In seinem Aufbau und seiner Form erinnert es an den Glärnisch, der ebenfalls wie eine Cremeschnitte aus verschiedenen Kalkpartien aufgebaut ist. Logenplätze findet man dabei bei zwei Alpen, die als Buvettes d'alpage von Tommes de chèvre bis zu hausgemachten Kuchen alles anbieten. Die lokale Hausspezialität ist der «Sérac fumé». Mit Sérac sind allerdings nicht Hängegletscher gemeint, sondern Zigerstöckli. Geräuchert erhalten sie eine ganz eigene Geschmacksnote, die in der Region beliebt und nur schon deshalb einen Versuch wert ist.

Solchermassen gestärkt, wird man gut gelaunt bei den Portes du Soleil ankommen und dort erstmals zusammen mit anderen Gästen und vielen Bikern auch Tiefblicke in nördlicher Richtung geniessen, über das Val de Morgins hinaus zum Pas de Morgins und zur Pointe de Bellevue. Diese Ausblicke – garniert mit dem Blick hinunter ins Rhonetal – bleiben einem nun ein ausgedehntes letztes Wegstück lang erhalten. Dieses führt zuerst hinauf zur Pointe de l'Au und dann über einen breiten Kamm leicht hinunter bis zur Bergstation der Seilbahn, die nach Morgins hinunterführt.

Links: Charakterzacken: die Dents du Midi.

Rechts: Alpwirtschaften wie die Alp Lapisa säumen den Weg.

Charakter
Es lohnt sich, etwas auszuholen – der Genuss ist dann umso länger und nachhaltiger.

Schwierigkeit
T1–T2

Höhendifferenz
1100 m Aufstieg, 200 m Abstieg

Wanderzeit
6 Std.

Route
Von Grand Paradis auf bezeichnetem Wanderweg (Schotterstrasse) nach Barme (1492 m). Nordwärts einige Dutzend Meter hinauf, dann auf einer bewaldeten Krete zum Col de Cou (1921 m). Vom Col de Cou weitgehend auf gut signalisierten Alpstrassen zu den Portes du Soleil (1950 m). Dann leicht aufsteigend zur Pointe de l'Au (2152 m) und nordostwärts hinunter zur Bergstation der Seilbahn Morgins-La Foilleuse.

Variante
Von der Seilbahn-Bergstation Planachaux (1963 m) direkt via Chaux Palin (1844 m) zu den Portes du Soleil (T2, minus 850 m Aufstieg, minus 3½ Std.).

Ausgangspunkt
Champéry Grand Paradis (1035 m). Anreise mit der SBB nach Aigle, mit der TPC nach Champéry, mit dem Gratisbus oder dem Touristenzüglein nach Grand Paradis.

Endpunkt
La Foilleuse (1816 m). Rückreise mit der Seilbahn nach Morgins, mit dem Postauto nach Troistorrents, mit der TPC nach Aigle (SBB-Anschluss).

Unterkunft und Verpflegung unterwegs
Alpage La Pierre (1674 m), 10 Schlafplätze in Zimmern, Telefon 024 479 31 32
Alpage Le Lapisa (1787 m), Chalet mit 13 Plätzen, Kochgelegenheit, Telefon 024 479 36 43 oder 079 516 45 33, www.lapisa.ch

Karten
Landeskarte 1:25 000, 1304 Val-d'Illiez
Landeskarte 1:50 000, 272 T St-Maurice

Auf dem Col de Cou trifft der Weg auf den GR 5.

Auf den Portes du Soleil.

209

Von Le Flon über die Alp Chalavornaire zum Genfersee

Versteckte Schönheit

Im letzten Jahrhundert hat in der Schweiz ein Phänomen um sich gegriffen, das mancher Panoramawanderung arg zusetzt: die Verwaldung. Wo früher der Mensch den Bergen bis in die letzten Winkel Kulturland abgetrotzt hat, gibt es heute lauter Bäume und ein unverständiges Raunen, wenn man gewahr wird, dass da mal Tiere geweidet haben. Trotzdem: Da und dort hellt sich der Wald plötzlich auf und gibt den Blick frei in die Weite. Und dieser Blick ist zuweilen so interessant, dass es sich lohnt, dafür einiges an Wald in Kauf zu nehmen.

So verhält es sich auch bei der Wanderung vom Lac de Taney zum Genfersee. Der erste Tiefblick ergibt sich dabei beim Ausgangspunkt Le Flon hoch über dem Rhonetal. Unten breiten sich die Dörfer von Vouvry und Aigle aus, gegenüber grüsst die Tour d'Aï. Dann verschwindet man im Wald und steigt auf zum Col du Taney. Hier erhascht man einen Blick nach Süden, wo die Hügelkette auch gleich die Schweizer Grenze markiert –

und auf der anderen Seite hinunter zum Lac de Taney, der türkisblau in einer wiederum bewaldeten Mulde eingebettet ist. Im Sommer finden hier viele Ausflügler – der Hitze des Rhonetals entfliehend – verdiente Abkühlung. So erfrischend wie der Bergsee ist auch der Weiterweg in Richtung Genfersee. Meist führt er durch eine bewaldete Flanke. Immer wieder kann man hinunter ins Rhonetal und hinüber zu den Diablerets spähen.

Das geht so bis zur Alp Chalavornaire. Wir haben Glück: Sie ist bewirtschaftet, der Wald zurückgedrängt, der Blick frei. Und jetzt sehen wir zum ersten Mal hinunter zum Genfersee. Mächtig und ruhig liegt er da, 700 Meter weiter unten, Ziel aller Träume derjenigen, die auf dem Alpenpässeweg von Chur über 600 Kilometer, 34 Etappen und 40 000 Höhenmeter bis hierher gelangt sind. Welch ein wohltuender Kontrast zu den Bergketten ringsum! Gern lässt man sich hier eine Weile nieder, und das kann man auch. Denn auf der Alp Chalavornaire wird serviert, mehr noch: Es wird richtig gekocht. Im Raum hinter der Alpstube blinkt einem eine veritable Hotelküche entgegen, mit Kipppfannen, Kochfeld und Dampfabzug. Dahinter liegt der begehbare Kühlraum. Da hängen sie im Herbst – die frisch erlegten Gämsen. Was einzig fehlt, sind ein Wirtshausschild und eine Speisekarte. Denn hier ist alles inoffiziell, wie das zu einem richtigen Geheimtipp gehört.

Mit etwas Glück wird man also reich verköstigt aufbrechen und sich hinuntertreiben lassen zum Genfersee. Natürlich steht einem der Wald wieder Pate, aber da und dort blitzt das Blau des Sees zwischen den Bäumen hervor. So spannend kann Aussicht sein.

Links: Blick von Chalavornaire zum Genfersee.

Rechts: die Alp Chalavornaire.

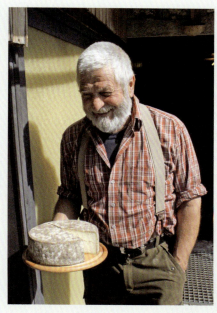

Gerne zeigt der Älpler seine Käsespezialitäten.

Charakter
Sehr abwechslungsreiche Wanderung. Der Panoramagenuss ist partiell, aber dann umso intensiver.

Schwierigkeit
T2

Höhendifferenz
450 m Aufstieg, 1100 m Abstieg

Wanderzeit
4–5 Std.

Route
Von Le Flon auf Wanderweg in steilen Kehren hinauf zum Col de Taney (1440 m). Leichter Abstieg zum See (1408 m). Am nördlichen Seeufer entlang, dann um den Alamont herum und nordostwärts absteigend zur Lichtung von Chalavornaire. Von dort in etlichen Kehren durch Wald hinunter nach Le Bouveret am Genfersee.

Ausgangspunkt
Le Flon (1049 m). Anreise mit der SBB bis Aigle, mit dem Regionalbus über Vouvry (umsteigen) nach Le Flon (Achtung, nur wenige Kurse, unter der Woche durch Schulbusse etwas mehr).

Endpunkt
Le Bouveret (387 m). Rückreise mit dem Regionalzug nach Aigle (SBB-Anschluss).

Unterkunft und Verpflegung unterwegs
Auberge Refuge La Vouivre (1415 m) am Lac de Taney, Zimmer und Massenlager, Telefon 024 481 14 80, www.lactanay.com
Alpage de Chalavornaire (1097 m), kleines Massenlager, Telefon 079 447 52 32

Karten
Landeskarte 1:25 000, 1284 Monthey
Landeskarte 1:50 000, 272 St-Maurice
(auch Rückseite beachten)

Von den Rochers de Naye nach Crêt d'y Bau

Auf der Höhe

Die Rochers de Naye sind zwar nur gut 2000 Meter hoch. Trotzdem handelt es sich bei ihnen um einen stattlichen Berg. Denn sie erheben sich direkt von den Gestaden des Genfersees her und überwinden auf viereinhalb Kilometern Luftlinie mehr als 1600 Höhenmeter. Dass hier hinauf eine Zahnradbahn gebaut wurde, ist kein Wunder, denn die Aussicht von den Rochers de Naye scheint grenzenlos: über den Genfersee hinaus und an den Dents du Midi vorbei in die französische Alpenwelt, in die für Deutschschweizer eher unbekannten Waadtländer Alpen mit Gipfelnamen wie Tour d'Aï, Muveran oder Grand Chavalard, dann hinüber zur Heissluftballonbasis von Château-d'Oex und zum Vanil Noir und schliesslich gegen Norden über den Moléson hinaus bis weit ins Seeland.

Weit ist es nicht von der Bergstation Rochers de Naye auf den unübersehbaren Hauptgipfel, den zwei Panoramatafeln und eine Antenne zieren. «Vor uns lag der Genfersee, weitausgedehnt, tiefblau und ruhig, seine Flä-

Rechts: Ausgangspunkt ist Montreux.

Links: Blick von den Rochers de Naye zum Genfersee.

che mit Segeln überhaucht, oder beschattet von hochragenden Bergen, die Ufer bald schroff und abstürzend, bald verschwimmend in dem leuchtenden Grün der Niederungen; dort das feierlich-düstere, geheimnißvolle, schluchtenähnliche Rhonetal; rings Schlösser, Städte, Dörfer, Weiler, Thürme; alle Abhänge überreich an Weingelände; Landhäuser, Kirchen; aus den entlegenen Bergwiesen erhoben sich die braunen Sennhütten, gleich matteren Basreliefs, mit dem Hintergrunde von Felsenzacken, Berggipfeln und Gletschern.» James Fenimore Cooper, Autor der «Lederstrumpf»-Erzählungen, stand wahrscheinlich nie auf den Rochers de Naye, aber die Beschreibung des Genfersees aus seinem Reisetagebuch von 1832 passt genau.

Diesen Tiefblicken wollen wir treu bleiben, solange es irgendwie geht. Das bedingt aber, dass wir möglichst lange mehr oder weniger auf der Höhe bleiben – oder zumindest über der Waldgrenze. Das geht im Falle der Rochers de Naye recht gut, indem wir auf dem Gipfelgrat nordostwärts wandern, bis zu dem Punkt, wo ein ausgesetzter Bergweg hinunterführt zu den Weiden von Jaman. Wir wenden uns aber wieder nach rechts, lassen uns hinuntertreiben zum Bahntrassee und finden den Weg auf der anderen Seite hinauf zum Ostgrat. Wieder zurück bei der Bergstation, wenden wir uns gegen Südwesten und stechen den Grat hinunter bis zum Punkt 1832. Bevor wir aber auf dem Grat in den Wald eintauchen, lassen wir uns nordwärts hinunterdriften und nehmen dann den Weg in Richtung Crêt d'y Bau. So schaffen wir es, ein Maximum an Aussicht bei einem Minimum an Waldpartien zu geniessen, bis uns die Zahnradbahn bei der nahen Station wieder aufnimmt und nach unten trägt.

Gut versteckt: der Lac de l'Hongrin.

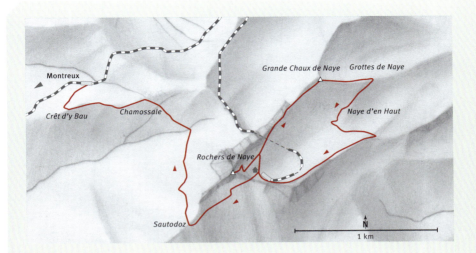

Charakter
Einfache, aber interessante Tour im Gipfelbereich der Rochers de Naye.

Schwierigkeit
T2, teilweise etwas schmierige Wege

Höhendifferenz
250 m Aufstieg, 800 m Abstieg

Wanderzeit
3–4 Std.

Route
Von der Bergstation breitspurig hinauf auf die Rochers de Naye (2042 m). Zurück zur Bergstation und auf dem Wanderweg nordostwärts an den Murmeltiergehegen und an der Ausstiegsstelle des Klettersteigs vorbei zum Punkt 1982 und in Richtung Grottes de Naye. Auf schwach ausgeprägtem Weg zurück zur Talsohle unterhalb der Bergstation, dann auf der Höhe des Bahntrassees auf der anderen Seite hinauf zum Ostgrat. Auf diesem zurück zur Bergstation. Von der Bergstation auf Bergweg zum Südostgrat bei Sautodoz (1832 m). Von dort nordwärts haltend weiter absteigen bis zu einer Weggabelung. Links haltend zu einer zweiten Verzweigung. Dort nimmt man den oberen Weg, der geradeaus zur Alp Chamossale weiterführt und von dort hinunter zur Bahnstation bei Crêt d'y Bau.

Ausgangspunkt
Bergstation Rochers de Naye (1968 m). Anreise mit der SBB nach Montreux, mit der Zahnradbahn auf die Rochers de Naye (www.mob.ch).

Endpunkt
Crêt d'y Bau (1286 m). Rückreise mit der Zahnradbahn nach Montreux (SBB-Anschluss).

Unterkunft und Verpflegung unterwegs
Gipfelrestaurant Rochers de Naye, Übernachtungsmöglichkeit in Jurten, Telefon 021 963 74 11

Hinweis
Bei der Bergstation Rochers de Naye Alpenblumengarten (www.rambertia.ch) sowie Murmeltierpark (Marmottes Paradies): In einem Gelände von 400 Quadratmetern leben fünf verschiedene Arten dieser Tiere, und in einer Ausstellung erfährt man alles zu den insgesamt 14 Arten.

Karten
Landeskarte 1:25 000, 1264 Montreux
Landeskarte 1:50 000, 262 Rochers de Naye

Autor

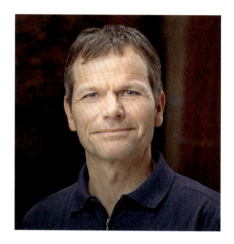

David Coulin
ist als Kommunikationsmanager, freier Fotojournalist und Buchautor tätig. Er ist Autor und Koautor mehrerer Bücher im AT Verlag. Weitere Informationen unter: www.davidcoulin.ch

Von David Coulin
im AT Verlag erschienen

Die schönsten Rund-
wanderungen in der Schweiz

Die schönsten Grat-
wanderungen in der Schweiz

Die schönsten Genusstouren
in den Schweizer Alpen

Die schönsten Seilbahn-
wanderungen in der Schweiz

Wanderbuch Graubünden

Die schönsten Hüttenziele
im Winter

Die schönsten Zweitagestouren
in den Schweizer Alpen

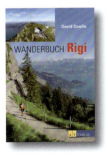

Wanderbuch Rigi

Das grosse Schneeschuh-
tourenbuch der Schweiz